はじめに

　本仕様書は、設計者にとっては設計のつど、仕様書を作成する手間と経費を削減し、また建築主にとっては、工事を安心して施工者に任せることができるよう、フラット35技術基準のほか、標準的な仕様をまとめ、広く皆様にお使いいただけるように作成したものです。なお、本仕様書は、2020年10月1日現在の関係規格等を勘案して作成しています。

①工事請負契約書に添付する仕様書として

　発注者(建築主)と請負業者(施工者)間の工事請負契約時には、配置図、平面図、立面図等の設計図面のほかに、仕様書を契約図書として用意することが必要です。

　本仕様書は、さまざまな標準的仕様を列挙しているものですので、ご自分の工事内容にあわせて採用する仕様項目を選択し、あるいは、適宜添削してご利用ください(3頁参照)。

　本仕様書を工事請負契約等に添付して使用する場合には、氏名欄に記入した名前の右横にそれぞれ押印してください。

②フラット35の設計検査提出書類の一部として

　フラット35を利用し、適合証明検査機関に設計検査を申請する場合には、申請住宅がフラット35技術基準に適合していることを確認できる設計図書の提出が必要です。

　本仕様書には、フラット35技術基準に関係する仕様について整理した「フラット35技術基準適合仕様確認書」が添付されており、この確認書を活用することにより、ご自分の設計仕様がフラット35技術基準に適合しているかどうかを確認できるとともに、設計検査のための申請書類としてもご活用いただけるものとなっています。

　また、フラット35Sの申請の際にもご利用いただけるように、「フラット35S(金利Bプラン)技術基準適合仕様確認書」および「フラット35S(金利Aプラン)技術基準適合仕様確認書」が添付されています。設計検査申請の際に、ご自身の設計仕様が各基準に適合しているかどうかをご確認いただけるとともに、設計検査のための申請書類としてもご活用いただけるものとなっています。

　さらに、機構財形住宅融資に係る技術基準にも対応していますので、同融資の設計検査のための申請書類としてもご活用いただけます。

　なお、設計検査申請書類として、本仕様書にほかの独自の特記仕様書を添付することや、本仕様書以外の別の仕様書を用いることも可能です。

JN110924

本仕様書の構成及びフラット35技術基準との関係

　本仕様書は、建築基準法に基づく告示等及びフラット35技術基準に基づく仕様を掲載しています。

　本仕様書に掲載されている事項のうち、建築基準法に関連する部分は、原則として告示等により示された仕様を記載しています。構造計算による場合及び国土交通大臣の認定を受けた仕様による場合は、本仕様書によらないことができますので、違法建築物とならないことをよくお確かめのうえ、該当部分を添削してご利用ください。

　フラット35技術基準に該当する箇所は、次表のとおりアンダーラインを付して表現しています。

　本仕様書の本文中アンダーライン「〰〰〰」「＿＿＿」の部分は、フラット35技術基準に該当する仕様ですので、訂正（添削）するとフラット35がご利用いただけない場合があります。「〰〰〰」の部分は、フラット35を利用するすべての住宅に適用となる事項です。「＿＿＿」の部分は、住宅の構造、フラット35Sの利用の有無に応じて適用となる事項です。

基　　準	記　載　内　容	表　記　方　法
フラット35技術基準	すべての住宅に適用となる事項	該当箇所を〰〰〰で表示
	住宅の構造、フラット35Sの種類に応じて適用となる事項＊	該当箇所を＿＿＿で表示

＊具体的に適用する事項については、4〜15頁の「フラット35技術基準適合仕様確認書」、「フラット35S技術基準適合仕様確認書」によりご確認ください。

【仕様書本文の工事内容にあわせた使用例】

①本仕様書の内容から選択する場合

選択できる項目には、□（チェックボックス）が付いていますので、選択した項目に☑（チェック）を入れてください。

3.3 基礎工事

3.3.1 一般事項
1. 基礎は、1階の外周部耐力壁及び内部耐力壁の直下に設ける。
2. 基礎の構造は、地盤の長期許容応力度に応じて、次のいずれかとする。
    イ. □布基礎（長期許容応力度　30kN/m^2以上）
    ロ. □腰壁と一体になった布基礎（長期許容応力度　30kN/m^2以上）
    ハ. ☑べた基礎（長期許容応力度　20kN/m^2以上）
    ニ. □基礎ぐいを用いた構造（長期許容応力度　20kN/m^2未満）

---

②本仕様書の内容によらず、図面へ記載または独自の特記仕様書を用いる場合

□（チェックボックス）が付いている場合

「〜特記による。」と記載されている項目に☑（チェック）を入れ、図面へ記載するか、または独自の特記仕様書を添付してください。

5.8.2 床束
    床束は、次のいずれかによる。
1. □木製床束とする場合は、次による。
    イ. 断面寸法は、90mm×90mm以上とする。
    ロ. 上部仕口は、次のいずれかによる。
    ハ. 下部は、束石に突付けとし、根がらみを床束に添え付けくぎ打ちとする。
2. ☑プラスチック束とする場合は、特記による。
3. □鋼製束とする場合は、特記による。

□（チェックボックス）が付いていない場合

その項目を削除し、「特記による。」と記載したうえで、図面へ記載するか、または独自の特記仕様書を添付してください。

6.3 金属板ぶき

6.3.1 材料
1. 金属板の品質は、次のいずれかの規格に適合するもの、又はこれらと同等以上の性能を有するものとする。
    イ. □JIS G 3312（塗装溶融亜鉛めっき鋼板及び鋼帯）の屋根用
    ロ. □JIS G 3318（塗装溶融亜鉛－5％アルミニウム合金めっき鋼板及び鋼帯）の屋根用
    ハ. □JIS G 3321（溶融55％アルミニウム－亜鉛合金めっき鋼板及び鋼帯）の屋根用
    ニ. □JIS G 3322（塗装溶融55％アルミニウム－亜鉛合金めっき鋼板及び鋼帯）の屋根用
    ホ. □JIS G 3320（塗装ステンレス鋼板及び鋼帯）の屋根用
    ヘ. □JIS K 6744（ポリ塩化ビニル被覆金属板及び金属帯）の屋根用
    ト. □JIS H 3100（銅及び銅合金の板並びに条）の屋根用

特記による。

フラット35技術基準適合仕様確認書

【本確認書の使い方】

- 本確認書は、本仕様書の内容のうち、フラット35技術基準に該当する仕様項目を整理した表です。
- 「住宅の構造」欄には、構造ごとに実施しなければならない仕様項目について、○印で示してあります。つまり、○印を付した該当項目について、仕様書本文中にあるアンダーライン「〰〰〰」「＿＿＿」部分が、遵守しなければならない基準となります。
- 選択した住宅の構造に ☑ (チェック)を入れてください。
- フラット35技術基準に適合していることをこの確認書の仕様項目に基づき確認し、実施する仕様の「適合確認欄」のチェックボックスに ☑ (チェック)を記入してください。
- 仕様書によらずその性能を確保する場合、「特記欄」に「特記」と記入し、その内容について特記仕様書等を作成してください。
- ☑ (チェック)を記入した仕様項目について、仕様書の該当部分を添削した場合には、「特記欄」に「添削」と記入してください。また、添削をした場合には、その箇所がアンダーライン「〰〰〰」「＿＿＿」部分でないことを確認してください。アンダーライン部分を訂正すると、フラット35がご利用いただけない場合があります。

基 準 項 目		仕様項目	ページ	木造(耐久性) ☐	準耐火・耐火 ☐	適合確認欄 ☑	特記欄
基礎の高さ		Ⅱ-3.3.2、3.3.3	28	○		☐	
床下換気 [1]	いずれかを選択	Ⅱ-3.3.11	31	○		☐	
基礎断熱工法 [2]		Ⅱ-3.4	32	○		☐	
床下防湿		Ⅱ-3.3.15	31	○		☐	
土台の防腐・防蟻措置		Ⅱ-4.3.1	36	○	○	☐	
土台以外の木部の防腐・防蟻措置		Ⅱ-4.3.2	36	○		☐	
床下地面の防蟻措置		Ⅱ-4.4	37	○		☐	
浴室等の防水措置		Ⅱ-4.5	38	○		☐	
住戸間の界壁(連続建てに限る)		Ⅱ-5.11	54		○	☐	
断熱工事 [3]	施工部位	Ⅱ-7.2	66	○	○	☐	
	断熱性能	Ⅱ-7.3	66	○	○	☐	
	防湿材の施工	Ⅱ-7.4.3	72	○	○	☐	
小屋裏換気(または屋根断熱)		Ⅱ-8.9.1	79	○		☐	
点検口の設置(給排水設備)		Ⅱ-13.1.1の3	102	○	○	☐	
換気設備の設置(浴室等)		Ⅱ-16.4.1	105	○	○	☐	
省令準耐火構造 [4]		Ⅱ-18	117				
45分準耐火構造 [4]		Ⅱ-17.1	107		○	☐	
1時間準耐火構造 [4]		Ⅱ-17.2	112			☐	
耐火構造		Ⅱ-19	123			☐	

注1) 玄関周りなど一部が土間コンクリート床の場合、その他の部分に床下換気孔が適切に設置されている必要があります。
   2) 基礎断熱工法とは、床に断熱材を施工せず、住宅全周の基礎の外側、内側または両側に地面に垂直に断熱材を施工し、床下換気孔を設けない工法をいいます。
   3) 断熱工事の地域の区分については、仕様書の付録1を参照してください。
   4) 「住宅の構造」を準耐火とする場合は、仕様書のⅡ-17.1(45分準耐火構造の住宅の仕様)、Ⅱ-17.2(1時間準耐火構造の住宅の仕様)又はⅡ-18(省令準耐火構造の住宅の仕様)のいずれかの仕様とする必要があります。

フラット35S（金利Bプラン）技術基準適合仕様確認書

　フラット35Sとは、フラット35をお申込みのお客様が、省エネルギー性、耐震性などに優れた住宅を取得される場合に、フラット35のお借入金利を一定期間引き下げる制度です。

　フラット35Sは、お申込みの受付期間及び募集枠に制限があります。詳細は「フラット35サイト（www.flat35.com）」にてご確認ください。

　フラット35S（金利Bプラン）をご利用いただく場合は、フラット35の技術基準に加えて、次表の1〜4のいずれか1つ以上の基準を満たす住宅であることが必要です。

フラット35S（金利Bプラン）の技術基準（※1）

1　省エネルギー性	断熱等性能等級4の住宅、かつ、一次エネルギー消費量等級4以上の住宅 又は 建築物エネルギー消費性能基準に適合する住宅（※2）	
2　耐　震　性	耐震等級（構造躯体の倒壊等防止）2以上の住宅 又は 免震建築物（※3）	
3　バリアフリー性	高齢者等配慮対策等級3以上の住宅	
4　耐久性・可変性	劣化対策等級3の住宅、かつ、維持管理対策等級2以上の住宅 （共同住宅等の場合は、一定の更新対策（※4）が必要）	

※1　各技術基準（建築物エネルギー消費性能基準に適合する住宅を除く。）は、「住宅の品質確保の促進等に関する法律」に基づく住宅性能表示制度の性能等級等と同じです。なお、住宅性能評価書を取得しなくても、所定の物件検査に合格すれば、フラット35S（金利Bプラン）をご利用いただけます。
※2　建築物エネルギー消費性能基準とは、「建築物のエネルギー消費性能の向上に関する法律（平成27年法律第53号）（通称建築物省エネ法）」第2条第1項第3号に定める基準です。
※3　免震建築物は、評価方法基準第5の1-3に適合しているものを対象とします。
※4　一定の更新対策とは、躯体天井高の確保（2.5m以上）及び間取り変更の障害となる壁又は柱がないことです。

【本確認書の使い方】

・本確認書は、本仕様書の内容のうち、フラット35S（金利Bプラン）の各基準に該当する仕様項目を整理した表です。

・フラット35Sをご利用される場合は、本確認書を「フラット35技術基準適合仕様確認書」とあわせてお使いください。

・各仕様項目において、仕様書本文中にあるアンダーライン「＿＿＿＿」部分が、遵守しなければならない基準となります。

・フラット35Sの技術基準に適合していることを、この確認書の仕様項目に基づき確認し、実施する仕様の「適合確認欄」のチェックボックスに ☑（チェック）を記入してください。

・仕様書によらずその性能を確保する場合、「特記欄」に「特記」と記入し、その内容について特記仕様書等を作成してください。

・☑（チェック）を記入した仕様項目について、仕様書の該当部分を添削した場合には、「特記欄」に「添削」と記入してください。また、添削をした場合には、その箇所がアンダーライン「＿＿＿＿」部分でないことを確認してください。アンダーライン部分を訂正すると、フラット35Sがご利用いただけない場合があります。

・表中の「評価方法基準項目番号」欄には、住宅の品質確保の促進等に関する法律（平成11年法律第81号）に基づく評価方法基準（平成13年国土交通省告示第1347号）の項目番号を記載しています。

フラット35S(金利Bプラン)技術基準適合仕様確認書

1. 省エネルギー性に関する基準

　フラット35S(金利Bプラン)の省エネルギー性をご利用いただく場合は、「1-1. 省エネルギー性に関する基準①(断熱等性能等級4)」かつ「1-2. 省エネルギー性に関する基準②(一次エネルギー消費量等級4)」を満たす住宅、又は「1-3. 建築物エネルギー消費性能基準」(建築物のエネルギー消費性能の向上に関する法律(平成27年法律第53号)(通称 建築物省エネ法))第2条第1項第3号を満たす住宅であることが必要です。

1-1. 省エネルギー性に関する基準①(断熱等性能等級4)

項　　　目		評価方法 基準項目番号	仕　様　書		適合 確認欄 ☑	特記欄
			仕　様　項　目	ペ ー ジ		
断熱構造とする部分		5-1(3)ただし書き	Ⅲ−1-1.2(施工部位)	128	☐	
躯体の断熱 性能等	断熱材の熱抵 抗値又は厚さ	5-1(3)ただし書き	Ⅲ−1-1.3(断熱性能)	129	☐	
	防湿材の施工	5-1(3)ハ①a	Ⅲ−1-1.4.3(防湿材の施工)の2	134	☐	
	屋根通気	5-1(3)ハ①b	〈屋根を断熱構造とする場合〉 Ⅲ−1-1.4.9(屋根の施工)の2、3	136	☐	
	外壁通気	5-1(3)ハ①b	Ⅲ−1-1.4.7(壁の施工)の5、6	135	☐	
開口部の 断熱性能等	断熱性能	5-1(3)ただし書き	Ⅲ−1-1.7(開口部の断熱性能)	141	☐	
	日射遮蔽措置	5-1(3)ただし書き	Ⅲ−1-1.8(開口部の日射遮蔽措置)	142	☐	

注) 開口部の断熱性能及び日射遮蔽措置において、開口部比率の区分に応じて仕様を決定する場合は、あらかじめ開口部比率を求める必要があります。

1-2. 省エネルギー性に関する基準②(一次エネルギー消費量等級4)

仕　様　項　目	仕様書 ページ	適合 確認欄 ☑	特記欄
住宅の品質確保の促進等に関する法律(平成11年法律第81号)に基づく住宅性能表示制度における評価方法基準第5の5-2に定める一次エネルギー消費量等級における等級4の基準に適合	144	☐	

1-3. 建築物エネルギー消費性能基準

仕　様　項　目	仕様書 ページ	適合 確認欄 ☑	特記欄
建築物のエネルギー消費性能の向上に関する法律(平成27年法律第53号)(通称 建築物省エネ法)第2条第1項第3号に定める基準に適合	−	☐	

フラット35S（金利Bプラン）技術基準適合仕様確認書

2. 耐震住宅に関する基準（耐震等級（構造躯体の倒壊等防止）2）

〈使い方〉

・「保有水平耐力計算等」や「階数が2以下の木造の建築物における基準」等により、住宅性能表示制度「耐震等級（構造躯体の倒壊等防止）2」以上の耐力が確保できることを確認したうえで、その設計内容をもとに必要事項を記入してください。

・記入内容が複数ある場合は、カッコ内にそれぞれ併記してください。

・項目欄に※印のあるものについては、該当する内容を○で囲ってください。

項　　目		評価方法基準項目番号	仕　様　書					適合確認欄 ☑	特記欄
			仕　様　項　目				ページ		
a.土台・柱	柱の小径	1-1(3)ホ⑥	Ⅱ-5.1.4（柱）の1				39	☐	
	アンカーボルト		Ⅱ-3.3.9（アンカーボルト）				30	☐	
b.壁仕様	筋かい耐力壁	1-1(3)ホ⑥	Ⅱ-5.1.9（木造筋かい）				41	☐	
	木ずり耐力壁		Ⅱ-5.1.11（木ずり）				41	☐	
	面材耐力壁		Ⅱ-5.3（大壁造の面材耐力壁）				43	☐	
			Ⅱ-5.4（真壁造の面材耐力壁）				46	☐	
	木ずり準耐力壁	1-1(3)ホ①表1	Ⅱ-5.1.11（木ずり）				41	☐	
	面材準耐力壁		Ⅲ-2.3.2（準耐力壁等）の2				145	☐	
c.壁量	※検討方法		壁量計算・許容応力度計算・その他（　　　　）					☐	
	最大壁線間隔	1-1(3)ホ②	（　　　　　　m）					☐	
	建築基準法で定める壁量	1-1(3)ホ①	階数	方向	必要壁量(A)	存在壁量(B)	充足率(B/A)	☐	
			1階	X方向	cm	cm	%	☐	
				Y方向	cm	cm	%	☐	
			2階	X方向	cm	cm	%	☐	
				Y方向	cm	cm	%	☐	
			3階	X方向	cm	cm	%	☐	
				Y方向	cm	cm	%	☐	
	性能表示で定める壁量		1階	X方向	cm	cm	%	☐	
				Y方向	cm	cm	%	☐	
			2階	X方向	cm	cm	%	☐	
				Y方向	cm	cm	%	☐	
			3階	X方向	cm	cm	%	☐	
				Y方向	cm	cm	%	☐	

d.床組・屋根面等	仕様全般			Ⅲ−2.4.1（床組）	146	☐
				Ⅲ−2.4.2（屋根面）	147	☐
				Ⅲ−2.4.3（小屋組（小屋床面））	148	☐
	火打ち	取り合うはりせい	1-1(3)ホ③	（　　　　　　　　　　mm）		☐
		負担面積		（　　　　　　　　　　m²）		☐
		倍率		（　　　　　　　　　　　）		☐
		※位置		2階床・3階床・小屋		☐
	2階床面	面材種類		（　　　　厚さ　　　　mm）		☐
		くぎ打ち		（種類　　　　間隔　　　　mm）		☐
		根太		（間隔　　　　mm工法　　　　）		☐
		倍率		（　　　　　　　　　　　）		☐
	3階床面	面材種類		（　　　　厚さ　　　　mm）		☐
		くぎ打ち		（種類　　　　間隔　　　　mm）		☐
		根太		（間隔　　　　mm工法　　　　）		☐
		倍率		（　　　　　　　　　　　）		☐
	小屋組	面材種類		（　　　　厚さ　　　　mm）		☐
		くぎ打ち		（種類　　　　間隔　　　　mm）		☐
		根太		（間隔　　　　mm工法　　　　）		☐
		倍率		（　　　　　　　　　　　）		☐
	屋根面	勾配		（　　　　　/10　　　　　）		☐
		面材種類		（　　　　厚さ　　　　mm）		☐
		たる木		（間隔　　　　mm工法　　　　）		☐
		くぎ打ち		（種類　　　　間隔　　　　mm）		☐
		倍率		（　　　　　　　　　　　）		☐
	※検討結果			2階　　　　適合　・　不適合		☐
				3階　　　　適合　・　不適合		☐
				屋根・小屋　　　適合　・　不適合		☐
e.接合部	金物の品質		1-1(3)ホ⑥	Ⅱ−4.1.6（諸金物）	35	☐
	筋かい端部の仕口			Ⅱ−5.2.1（筋かい端部の仕口）	41	☐
	柱脚・柱頭の仕口			Ⅱ−5.2.2（耐力壁となる軸組の柱と横架材の仕口）	41	☐
	※検討方法			告示第1460号・N値計算・許容応力度計算		☐
	胴差と通し柱の仕口		1-1(3)ホ④a	Ⅲ−2.5.4（胴差と通し柱の仕口）	148	☐
	下屋等の横架材の継手・仕口		1-1(3)ホ④b	Ⅲ−2.5.5（下屋等の横架材の継手・仕口）	149	☐
f.基礎	仕様一般		1-1(3)ホ⑤	Ⅱ−3.3（基礎工事）	28	☐
	根入れ深さ			深さ（　　　　　　　　　　mm）		☐
	※基礎の形式及び仕様			布基礎・べた基礎・その他（　　　　）		☐
				Ⅱ−3.3.2（布基礎）	28	☐
				Ⅱ−3.3.3（べた基礎・基礎ぐい）	29	☐
	※検討方法			スパン表・許容応力度計算・その他（　　　）		☐
g.横架材	床大ばり		1-1(3)ホ⑤	（　　mm×　　mm　間隔　　）		☐
	床小ばり			（　　mm×　　mm　間隔　　）		☐
	小屋ばり			（　　mm×　　mm　間隔　　）		☐
	胴差し			（　　mm×　　mm　間隔　　）		☐
	根太			（　　mm×　　mm　間隔　　）		☐
	たる木			（　　mm×　　mm　間隔　　）		☐
	※検討方法			スパン表・許容応力度計算・その他（　　　）		☐

3. 免震住宅に関する基準（地震に対する構造躯体の倒壊等防止及び損傷防止）

項　　目	評価方法 基準項目番号	仕様書			適合確認欄 ☑	特記欄
		仕様項目	ページ			
告示第2009号第2に規定された 免震建築物	1-3(3)イ	Ⅲ-3.2（基礎）	151		☐	
		Ⅲ-3.3（免震層）	152		☐	
		Ⅲ-3.4（上部構造）	152		☐	
		Ⅲ-3.5（下部構造）	152		☐	
免震層及び免震材料の維持管理	1-3(3)ロ	Ⅲ-3.6（維持管理等に関する事項）	153		☐	

4. バリアフリー性に関する基準（高齢者等配慮対策等級3）

項　　目	評価方法 基準項目番号	仕様書			適合 確認欄 ☑	特記欄
		仕様項目	ページ			
部屋の配置	9-1(3)ハ①	Ⅲ-4.2.1（部屋の配置）	154		☐	
段差	9-1(3)ハ②	Ⅲ-4.3.1（段差の解消）	154		☐	
階段	9-1(3)ハ③	Ⅲ-4.4.1（住戸内階段の勾配）	155		☐	
		Ⅲ-4.4.2（住戸内階段の構造）の2	155		☐	
手すり	9-1(3)ハ④	Ⅲ-4.5.1（手すりの設置箇所） （2のロにおいては（イ）に限る。）	156		☐	
通路及び出入口の幅員	9-1(3)ハ⑤	Ⅲ-4.6.1（廊下及び出入口の幅員の確保）	157		☐	
寝室、便所及び浴室の規模	9-1(3)ハ⑥a	Ⅲ-4.7.1（寝室、便所及び浴室の規模）の1	158		☐	
	9-1(3)ハ⑥b	Ⅲ-4.7.1（寝室、便所及び浴室の規模）の2	158		☐	
	9-1(3)ハ⑥c	Ⅲ-4.7.1（寝室、便所及び浴室の規模）の3	158		☐	

〔第Ⅱ章〕 工 事 仕 様 書

〔第Ⅲ章〕 フラット35S(金利Bプラン)工事仕様書

〔第Ⅳ章〕 フラット35S（金利Aプラン）工事仕様書

1.一般事項

1.1 総則

1.1.1 基本原則

　　設計者、工事施工者及び工事監理者は、相互の協力のもと、住宅を長期にわたり良好な状態で使用するための措置を、その構造及び設備に講じるよう努める。

1.1.2 工事範囲

　　工事範囲は、本仕様書及び図面の示す範囲とし、特記のない限り、電気設備工事については引込み口までの工事、給水・ガス工事については本管接続までの工事、排水工事については流末接続までの工事とする。

1.1.3 関連法令の遵守

　　施工にあたっては、建築基準法及びその他関連法令等に従い、遺漏のないように計画・実施する。

1.1.4 用語の定義

　　1. 「設計図書」とは、設計図、仕様書(特記仕様書を含む。)をいう。
　　2. 「工事監理者」とは、工事請負契約書に監理者として記名捺印した者又はその代理人をいう。
　　3. 「施工者」とは、工事請負契約書に施工者として記名捺印した者又はその代理人をいう。
　　4. 「特記」とは、仕様書以外の設計図書に指定された事項をいう。

1.1.5 疑義

　　図面と仕様書との記載内容が相違する場合、明記のない場合又は疑義の生じた場合は、建築主又は工事監理者と協議する。

1.1.6 軽微な設計変更

　　現場のおさまり、取合せその他の関係で、材料の取付け位置又は取付け工法を多少変えるなどの軽微な変更は、建築主又は工事監理者の指示により行う。

1.1.7 別契約の関連工事

　　別契約の関連工事については、関係者は相互に協議のうえ、工事完成に支障のないように処理する。ただし、工事監理者がいる場合は、その指示による。

1.2 施工一般

1.2.1 材料等

　　1. 各工事に使用する材料等で、日本産業規格(JIS)又は日本農林規格(JAS)の制定されている品目については、その規格に適合するもの又はこれらと同等以上の性能を有するものを使用する。また、優良木質建材等認証(AQ)の対象となっている品目については、AQマーク表示品又はこれと同等以上の性能を有するものを使用する。
　　2. 各工事に使用する材料等について品質又は等級の明記のないものは、それぞれ中等品とする。
　　3. クロルピリホスを添加した材料は使用しない。
　　4. 内装仕上材、下地材等の室内空気への影響が高い部分には、ホルムアルデヒド及び揮発性の有害化学物質を放散しない材料若しくは放散量の少ない材料を使用することとし、特記による。なお、特記のない場合は、F☆☆☆☆の材料を使用することとする。
　　5. 建築部品、仕上材の材質、色柄などで、建築主又は工事監理者と打合せを要するも

のは、見本を提出し、十分打合せを行うものとする。

1.2.2 養生
工事中に汚染や損傷のおそれのある材料及び箇所は、適当な方法で養生する。

1.2.3 解体材、発生材等の処理
1. 解体材及び発生材等の処理は、資源の有効な利用の促進に関する法律、建設工事に係る資材の再資源化等に関する法律、廃棄物の処理及び清掃に関する法律等の関連法令に従って適正に処理する。
2. 解体材のうち、耐久年限を考慮したうえで現場において再利用を図るものは、特記による。
3. 解体材、発生材のうち、耐久年限を考慮したうえで再生資源としての利用を図るものは、分別を行い、所定の再資源化施設等に搬入する。
4. 2及び3以外の解体材、発生材については、場外処分とする。

1.2.4 注意事項
1. 工事の施工に必要な諸届・諸手続きで請負者が処理すべき事項は、速やかに処理する。
2. 工事現場の管理は関係法令等に従い、危険防止、災害防止に努め、特に火災には十分注意する。また、石綿を含む建材の解体作業にあたっては、法令等に従い、石綿ばく露防止対策等を徹底する。
3. 工事現場はつねに整理し、清潔を保ち、床張り前には床下を清掃する。なお、工事完了に際しては、建物内外を清掃する。
4. 工程表及び工事チェックリストを作成し、各段階ごとに検査を行う。

2. 仮設工事

2.1 なわ張り等

2.1.1 地なわ張り

建築主又は工事監理者の立会いのもとに、敷地境界など敷地の状況を確認のうえ、図面に基づき建築位置のなわ張りを行う。

2.1.2 ベンチマーク

木ぐい、コンクリートぐいなどを用いて移動しないよう設置し、その周囲を養生する。ただし、移動のおそれのない固定物がある場合は、これを代用することができる。なお、工事監理者がいる場合は、その検査を受ける。

2.1.3 やりかた

やりかたは、適切な材料を用い、建物の隅部その他の要所に正確かつ堅固に設け、建物の位置、水平の基準その他の墨出しを行う。なお、工事監理者がいる場合は、その検査を受ける。

2.2 足場・仮囲い・設備

2.2.1 足場・仮囲い

足場及び仮囲いは、関係法令等に従い、適切な材料、構造とする。

2.2.2 設備

工事用水道、工事用電力などの関係法令等に基づく手続き及び設置は、施工業者が行う。

5.1.8 間仕切りげた（頭つなぎ）

1. 継手は、はりを受ける柱間を避け、柱より持ち出し、腰掛けかま継ぎ又は腰掛けあり継ぎとする。
2. 主要な間仕切りげたとけた又は胴差しとのＴ字取合い部の仕口は、大入れあり掛けとし、羽子板ボルト締めとする。

5.1.9 木造筋かい

1. 断面寸法は、30mm×90mm以上とする。
2. 見付け平使いとし、上下端部の仕口は、本章5.2.1（筋かい端部の仕口）による。
3. 筋かいが間柱と取り合う部分は、間柱を筋かいの厚さだけ欠き取って筋かいを通す。
4. 断面寸法が厚さ90mm以上で幅90mm以上の筋かいの交差部は、筋かいの一方を通し、他方は筋かい当たりかたぎ大入れ、それぞれ12mmボルト締めとし、両面からひら金物くぎ打ちとする。

5.1.10 通し貫

柱に差し通し、両面からくさび締め又はくぎ打ちとする。

5.1.11 木ずり

1. 断面寸法は、12mm×75mm以上とする。
2. 継手は、柱・間柱心で突き付け、5枚以下ごとに乱継ぎとする。
3. 柱・間柱等への留付けは、板そば20mm程度に目透し張りとし、それぞれN50くぎ2本を平打ちする。

5.2 軸組の仕口

5.2.1 筋かい端部の仕口

筋かいの端部における仕口は、筋かいの種類に応じて、次の接合方法によるか、又はこれらと同等以上の引張耐力を有する接合方法による。

- イ. 厚さ30mm以上で幅90mm以上の木材による筋かいの場合
  筋かいプレート（厚さ1.6mmの鋼板添え板）を、筋かいに対して六角ボルト（M12）（JIS B 1180（六角ボルト）に規定するうち、強度区分4.6に適合する径12mmのボルト又はこれと同等以上の品質を有するものをいう。以下同じ。）締め及びCN65くぎ（長さ65mmの太め鉄丸くぎ。以下同じ。）を3本平打ち、柱に対してCN65くぎを3本平打ち、横架材に対してCN65くぎを4本平打ちとしたもの。
- ロ. 厚さ45mm以上で幅90mm以上の木材による筋かいの場合
  筋かいプレート（厚さ2.3mmの鋼板添え板）を、筋かいに対して六角ボルト（M12）締め及び長さ50mm、径4.5mmのスクリューくぎ（以下「スクリューくぎ」という。）7本の平打ち、柱及び横架材に対して、それぞれスクリューくぎ5本の平打ちとしたもの。
- ハ. 厚さ90mm以上で幅90mm以上の木材による筋かいの場合、特記による。

5.2.2 耐力壁となる軸組の柱と横架材の仕口

軸組の柱の柱脚及び柱頭の仕口は、イからルのいずれかとし、特記による。

- イ. 短ほぞ差し、かすがい打ち又はこれらと同等以上の接合方法としたもの。
- ロ. 長ほぞ差しこみ栓打ち若しくはかど金物（厚さ2.3mmのL字型の鋼板添え板）を、柱及び横架材に対して、それぞれCN65くぎを5本平打ちとしたもの、又はこれらと同等以上の接合方法としたもの。
- ハ. かど金物（厚さ2.3mmのT字型の鋼板添え板）を用い、柱及び横架材にそれぞれCN65くぎを5本平打ちしたもの、若しくは山形プレート（厚さ2.3mmのV字型の鋼板添え板）を用い、柱及び横架材にそれぞれCN90くぎを4本平打ちとしたもの、又はこれらと同等以上の接合方法としたもの。

ニ． 羽子板ボルト（厚さ3.2mmの鋼板添え板に径12mmのボルトを溶接した金物）を用い、柱に対して六角ボルト（M12）締め、横架材に対して厚さ4.5mm、40mm角の角座金を介してナット締めをしたもの、若しくは短ざく金物（厚さ3.2mmの鋼板添え板）を用い、上下階の連続する柱に対して、それぞれ六角ボルト（M12）締めとしたもの、又はこれらと同等以上の接合方法としたもの。

ホ． 羽子板ボルト（厚さ3.2mmの鋼板添え板に径12mmのボルトを溶接した金物）を用い、柱に対して六角ボルト（M12）締め及びスクリューくぎ打ち、横架材に対して厚さ4.5mm、40mm角の角座金を介してナット締めをしたもの、又は短ざく金物（厚さ3.2mmの鋼板添え板）を用い、上下階の連続する柱に対して、それぞれ六角ボルト（M12）締め及びスクリューくぎ打ちとしたもの、又はこれらと同等以上の接合方法としたもの。

ヘ． ホールダウン金物（厚さ3.2mmの鋼板添え板）を用い、柱に対して六角ボルト（M12）2本、又はラグスクリュー（首下長さ110mm）2本、若しくはCN90くぎ10本、横架材、布基礎若しくは上下階の連続する柱に対して、当該ホールダウン金物に止め付けた六角ボルト（M16, M16W）を介して緊結したもの、又はこれと同等以上の接合方法としたもの。

ト． ホールダウン金物（厚さ3.2mmの鋼板添え板）を用い、柱に対して六角ボルト（M12）3本、又はラグスクリュー（首下長さ110mm）3本、若しくはCN90くぎ15本、横架材（土台を除く。）、布基礎若しくは上下階の連続する柱に対して、当該ホールダウン金物に止め付けた六角ボルト（M16）を介して緊結したもの、又はこれと同等以上の接合方法としたもの。

チ． ホールダウン金物（厚さ3.2mmの鋼板添え板）を用い、柱に対して六角ボルト（M12）4本、又はラグスクリュー（首下長さ110mm）4本、若しくはCN90くぎ20本、横架材（土台を除く。）、布基礎若しくは上下階の連続する柱に対して、当該ホールダウン金物に止め付けた六角ボルト（M16）を介して緊結したもの、又はこれと同等以上の接合方法としたもの。

リ． ホールダウン金物（厚さ3.2mmの鋼板添え板）を用い、柱に対して六角ボルト（M12）5本、又はラグスクリュー（首下長さ110mm）5本、若しくはCN90くぎ25本、横架材（土台を除く。）、布基礎若しくは上下階の連続する柱に対して、当該ホールダウン金物に止め付けた六角ボルト（M16）を介して緊結したもの、又はこれと同等以上の接合方法としたもの。

ヌ． トに掲げる仕口を2組用いたもの。

ル． その他の接合方法としたもの。

5.2.3 耐力壁でない軸組の柱と横架材の仕口

1. 柱の端部と横架材との仕口（すみ柱と土台の仕口は除く。）は、次のいずれかによる。
   イ． ☐柱の上下端とも短ほぞ差しとし、山形プレートを当てくぎ打ちとする。
   ロ． ☐柱の上下端とも短ほぞ差しとし、かど金物を当てくぎ打ちとする。
   ハ． ☐柱の上下端とも長ほぞ差しとし、こみ栓打ちとする。
   ニ． ☐柱の上下端とも短ほぞ差しとし、ひら金物を当てくぎ打ちとする。
   ホ． ☐柱の上下端とも短ほぞ差しとし、かすがい打ちとする。
   ヘ． ☐イ、ロ、ハ、ニ又はホと同等以上の緊結が保たれる方法で、特記による。

2. すみ柱と土台との仕口は、次のいずれかによる。
   イ． ☐扇ほぞ差し又は短ほぞ差しとし、かど金物を当てくぎ打ちとする。
   ロ． ☐長ほぞ差しとし、こみ栓打ちとする。
   ハ． ☐扇ほぞ差し又は短ほぞ差しとし、かすがい打ちとする。
   ニ． ☐扇ほぞ差し又は短ほぞ差しとし、ホールダウン金物を用いて緊結する。
   ホ． ☐土台木口とすみ柱との取合いを落しありとする場合は、かど金物を両面に当てくぎ打ちとする。
   ヘ． ☐イ、ロ、ハ、ニ又はホと同等以上の緊結が保たれる方法で、特記による。

5.3 大壁造の面材耐力壁

5.3.1 大壁耐力壁の種類等

1. 構造用合板、各種ボード類（以下「構造用面材」という。）による面材耐力壁の種類等は、下表による。

耐　力　壁　の　種　類				倍率
材　　料	断　面	くぎ	くぎの間隔	
構造用パーティクルボード （JIS A 5908-2015に規定するもの）	－	N50	外周部分7.5cm以下 その他の部分15cm以下	4.3
構造用MDF （JIS A 5905-2014に規定するもの）				
構造用合板 化粧ばり構造用合板 （合板のJASに規定する特類であるもの）	厚さ9mm以上	CN50	外周部分7.5cm以下 その他の部分15cm以下	3.7
構造用パネル （構造用パネルのJASに規定するもの）		N50		
構造用合板 化粧ばり構造用合板 （合板のJASに規定する特類であるもの）	厚さ7.5mm以上	N50	15cm以下	2.5
パーティクルボード （JIS A 5908-1994に適合するもので曲げ強さによる区分が8タイプ以外のもの）	厚さ12mm以上			
構造用パーティクルボード （JIS A 5908-2015に規定するもの）	－			
構造用MDF （JIS A 5905-2014に規定するもの）				
構造用パネル （構造用パネルのJASに規定するもの）				
ハードボード （JIS A 5907-1977に定める450又は350のもの）	厚さ5mm以上	N50		2.0
硬質木片セメント板 （JIS A 5417-1985に定める0.9Cであるもの）				
構造用せっこうボードA種 （JIS A 6901-2005に定めるもので、屋外に面する壁以外に用いる場合に限る）	厚さ12mm以上	GNF40 GNC40		1.7
構造用せっこうボードB種 （JIS A 6901-2005に定めるもので、屋外に面する壁以外に用いる場合に限る）				1.2
せっこうボード 強化せっこうボード （JIS A 6901-2005に定めるもので、屋外に面する壁以外に用いる場合に限る）				0.9
シージングボード （JIS A 5905-1979に定めるシージングインシュレーションボードに限る）		SN40	外周部分10cm以下 その他の部分20cm以下	1.0
ラスシート （JIS A 5524-1977に定めるもの）	角波亜鉛鉄板部分 厚さ0.4mm以上 メタルラス部分厚さ 0.6mm以上	N38	15cm以下	

注1) 断面寸法15mm×45mm以上の胴縁を、310mm以内の間隔で、柱及び間柱並びにはり、けた、土台その他の横架材にN50くぎで打ち付け、その上に上表の構造用面材をN32くぎで間隔150mm以内に平打ちした場合の壁倍率は、すべて0.5とする。

2) 面材耐力壁、土塗り壁、木ずり又は筋かいと併用する場合は、それぞれの壁の倍率を加算することができる。ただし、加算した場合の壁の倍率は、5倍を限度とする。

2. 構造用面材のホルムアルデヒドの発散量に関する品質については、特記による。

5.3.2 工法一般

1. 構造用面材は、柱、間柱及び土台、はり、けた、その他の横架材に、確実にくぎで留め付ける。
2. 1階及び2階部の上下同位置に構造用面材の耐力壁を設ける場合は、胴差し部において、構造用面材相互間に原則として、6mm以上のあきを設ける。
3. 構造用面材は横張り又は縦張りとする場合で、やむを得ずはり、柱等以外で継ぐ場合は、間柱及び胴縁等の断面は、45mm×100mm以上とする。

5.3.3 構造用面材の張り方

1. 構造用合板及び化粧ばり構造用合板の張り方は、3'×9'版（910mm×2,730mm）を縦張りとする。やむを得ず3'×6'版（910mm×1,820mm）を用いる場合は、縦張り又は横張りとする。
2. 構造用パーティクルボード及びパーティクルボードの張り方は、構造用合板と同様とし、胴差し部分以外の継目部分は、2～3mmの間隔をあける。
3. 構造用パネルの張り方は、パーティクルボードと同様とする。
4. ハードボードの張り方は、パーティクルボードと同様とする。
5. 硬質木片セメント板の張り方は、壁軸組に防水テープを張るか又は壁全面に防水紙を張り、その上から3'×9'版（910mm×2,730mm）を縦張りとする。
6. 構造用せっこうボードA種・B種、せっこうボード及び強化せっこうボードの張り方は、3'×8'版（910mm×2,420mm）、又は3'×9'版（910mm×2,730mm）を縦張りとし、やむを得ず3'×6'版（910mm×1,820mm）を用いる場合は、縦張り又は横張りとする。
7. シージングボードの張り方は、構造用合板と同様とする。
8. ラスシートの張り方は、3'×8'版（910mm×2,420mm）又は3'×9'版（910mm×2,730mm）の縦張りとし、土台から壁上端部まで張り付ける。ラスシートの施工にあたっては、次の点に留意する。
   - イ．見切りの各部には、水切り、雨押えを設ける。
   - ロ．継目は、横重ね代を1山重ねとし、縦重ね代を30mm以上とする。なお、鉄板は鉄板で、ラスはラスで重ねる。
   - ハ．開口部等でラスシートを切り抜く場合は、事前に鉄板を短く、ラスを長くなるよう切断し、巻き込む。

5.3.4 床勝ちとなる大壁耐力壁の仕様

床勝ちとなる大壁耐力壁の仕様は、以下による。
1. 床勝ちとなる大壁耐力壁の種類等は、次表による。

耐力壁の種類				受け材			倍率
材　料	断　面	くぎ	くぎの間隔	大きさ	くぎ	くぎの間隔	
構造用パーティクルボード（JIS A 5908-2015に規定するもの）	–	N50	外周部分7.5cm以下その他の部分15cm以下	厚さ30mm以上幅60mm以上		12cm以下	4.3
構造用MDF（JIS A 5905-2014に規定するもの）							
構造用合板化粧ばり構造用合板（合板のJASに規定する特類であるもの）	厚さ9mm以上	CN50					3.7
構造用パネル（構造用パネルのJASに規定するもの）							
構造用合板化粧ばり構造用合板（合板のJASに規定する特類であるもの）	厚さ7.5mm以上	N50	15cm以下	厚さ30mm以上幅40mm以上	N75	20cm以下	2.5
パーティクルボード（JIS A 5908-1994に適合するもので曲げ強さによる区分が8タイプ以外のもの）	厚さ12mm以上						
構造用パネル（構造用パネルのJASに規定するもの）							
構造用パーティクルボード（JIS A 5908-2015に規定するもの）	–						
構造用MDF（JIS A 5905-2014に規定するもの）							
構造用せっこうボードA種（JIS A 6901-2005に定めるもので、屋外に面する壁以外に用いる場合に限る）	厚さ12mm以上	GNF40GNC40				30cm以下	1.6
構造用せっこうボードB種（JIS A 6901-2005に定めるもので、屋外に面する壁以外に用いる場合に限る）							1.0
せっこうボード強化せっこうボード（JIS A 6901-2005に定めるもので、屋外に面する壁以外に用いる場合に限る）							0.9

注）面材耐力壁、土塗り壁、木ずり又は筋かいと併用する場合は、それぞれの壁の倍率を加算することができる。ただし、加算した場合の壁の倍率は、5倍を限度とする。

2. 構造用面材のホルムアルデヒドの発散量に関する品質については、特記による。

3. 床勝ちとなる大壁耐力壁の工法は、以下による。

　　イ. 受け材は、1の表にある大きさの木材とし、床下地板の上から土台、はり、けた、その他の横架材に、1の表のとおり、くぎで平打ちとする。

　　ロ. 構造用面材は、柱、間柱及び土台、はり、けた、その他の横架材と受け材に、確実にくぎで留め付ける。その他の工法については、本章5.3.2（工法一般）の2及び3による。

　　ハ. 構造用面材の張り方は、1に掲げる面材耐力壁の種類に応じて、本章5.3.3（構造用面材の張り方）による。

5.4 真壁造の面材耐力壁

5.4.1 真壁耐力壁の種類等

1. 構造用合板、各種ボード類（以下「構造用面材」という。）による真壁造の面材耐力壁は、受け材を用いる場合（受け材タイプ）と貫を用いる場合（貫タイプ）があり、その種類等は次表による。

イ．受け材タイプ

耐力壁の種類				受け材			倍率
材　　料	断　面	くぎ	くぎの間隔	大きさ	くぎ	くぎの間隔	
構造用パーティクルボード （JIS A 5908-2015に規定するもの）	−	N50	外周部分 7.5cm以下 その他の 部分 15cm以下			12cm以下	4.0
構造用MDF （JIS A 5905-2014に規定するもの）							
構造用合板 化粧ばり構造用合板 （合板のJASに規定する特類であるもの）	厚さ 9mm以上	CN50				20cm以下	3.3
構造用パネル （構造用パネルのJASに規定するもの）							
構造用合板 化粧ばり構造用合板 （合板のJASに規定する特類であるもの）	厚さ 7.5mm以上	N50	15cm以下	厚さ 30mm以上 幅 40mm以上	N75	30cm以下	2.5
パーティクルボード （JIS A 5908-1994に適合するもので曲げ強さによる区分が8タイプ以外のもの）	厚さ 12m以上						
構造用パネル （構造用パネルのJASに規定するもの）							
構造用パーティクルボード （JIS A 5908-2015に規定するもの）	−						
構造用MDF （JIS A5905-2014に規定するもの）							
せっこうラスボード （JIS A 6906-1983に適合するもの）	厚さ9mm以上でJIS A 6904-1976に定めるせっこうプラスターを15mm以上塗ったもの	GNF32 GNC32					1.5
構造用せっこうボードA種 （JIS A 6901-2005に定めるもので、屋外に面する壁以外に用いる場合に限る）							1.5
構造用せっこうボードB種 （JIS A 6901-2005に定めるもので、屋外に面する壁以外に用いる場合に限る）	厚さ 12mm以上	GNF40 GNC40					1.3
せっこうボード 強化せっこうボード （JIS A 6901-2005に定めるもので、屋外に面する壁以外に用いる場合に限る）							1.0

注）面材耐力壁、木ずり又は筋かいと併用する場合は、それぞれの壁の倍率を加算することができる。ただし、加算した場合の壁の倍率は、5倍を限度とする。

ロ. 貫タイプ

材 料	断 面	くぎ	くぎの間隔	倍率
耐力壁の種類				
構造用合板 化粧ばり構造用合板 (合板のJASに規定する特類であるもの)	厚さ7.5mm以上	N50	15cm以下	1.5
パーティクルボード (JIS A 5908-1994に適合するもので曲げ強さによる区分が8タイプ以外のもの)	厚さ12mm以上			
構造用パネル (構造用パネルのJASに規定するもの)	-			
せっこうラスボード (JIS A 6906-1983に適合するもの)	厚さ9mm以上でJIS A 6904-1976に定めるせっこうプラスターを15mm以上塗ったもの	GNF32 GNC32		1.0
構造用せっこうボードA種 (JIS A 6901-2005に定めるもので、屋外に面する壁以外に用いる場合に限る)				0.8
構造用せっこうボードB種 (JIS A 6901-2005に定めるもので、屋外に面する壁以外に用いる場合に限る)	厚さ12mm以上			0.7
せっこうボード 強化せっこうボード (JIS A 6901-2005に定めるもので、屋外に面する壁以外に用いる場合に限る)				0.5

注) 面材耐力壁、木ずり又は筋かいと併用する場合は、それぞれの壁の倍率を加算することができる。ただし、加算した場合の壁の倍率は、5倍を限度とする。

2. 構造用面材のホルムアルデヒドの発散量に関する品質については、特記による。

5.4.2 工法一般

1. 構造用面材の下地に、受け材を用いる場合は、次による。

   イ. 受け材は、本章5.4.1 (真壁耐力壁の種類等) の1のイの表にある大きさの木材とする。

   ロ. 受け材は、柱及び土台、はり、けた、その他横架材に、本章5.4.1 (真壁耐力壁の種類等) の1のイの表のとおり、くぎで平打ちとする。

   ハ. 構造用面材は、受け材並びに間柱及び胴つなぎ等に留め付ける。

   ニ. 構造用面材を受け材以外で継ぐ場合は、間柱又は胴つなぎ等の断面は、45mm×65mm以上とする。

2. 構造用面材の下地に、貫を用いる場合は、次による。

   イ. 貫は、15mm×90mm以上とする。

   ロ. 貫は、5本以上設ける。

   ハ. 最上段の貫とその直上の横架材との間隔、及び最下段の貫とその直下の横架材との間隔は、おおむね30cm以下とし、その他の貫の間隔は61cm以下とする。

   ニ. 貫を柱に差し通す場合は、両面からくさび締め又はくぎ打ちとする。

   ホ. 貫の継手は、おおむね柱心で突付けとする。

   ヘ. 柱との仕口は、柱の径の1/2程度差し込み、くさび締め又はくぎ打ちとする。

   ト. 構造用面材は、貫に確実にくぎで留め付ける。

   チ. 構造用面材を継ぐ場合は、貫上で行う。

5.4.3 構造用面材

1. 受け材を用いた構造用面材の張り方は、次による。

   イ. 構造用合板、化粧ばり構造用合板、構造用パーティクルボード、パーティクルボード及び構造用パネルの張り方は、3'×9'版 (910mm×2,730mm) を縦張り

とする。やむを得ず3'×6'版（910mm×1,820mm）を用いる場合は、縦張りまたは横張りとする。

　ロ．せっこうラスボードの張り方は、3'×8'版（910mm×2,420mm）を縦張りとし、やむを得ず3'×6'版（910mm×1,820mm）を用いる場合は、縦張り又は横張りとする。その上にせっこうプラスターを塗る場合は、本章9.4（せっこうプラスター塗り）による。

　ハ．構造用せっこうボードA種、構造用せっこうボードB種、せっこうボード及び強化せっこうボードの張り方は、3'×8'版（910mm×2,420mm）を縦張りとし、やむを得ず3'×6'版（910mm×1,820mm）を用いる場合は、縦張り又は横張りとする。

2. 貫を用いた構造用面材の張り方は、次による。

　イ．構造用合板、化粧ばり構造用合板、パーティクルボード及び構造用パネルの張り方は、原則として横張りとする。

　ロ．せっこうラスボードの張り方は、原則として横張りとする。その上にせっこうプラスターを用いる場合は、本章9.4（せっこうプラスター塗り）による。

　ハ．構造用せっこうボードA種、構造用せっこうボードB種、せっこうボード及び強化せっこうボードの張り方は、原則として横張りとする。

5.5 小屋組

5.5.1 一般事項

小屋組は、屋根形状、屋根ふき材の種類に応じて、屋根勾配、軒の出などを考慮するものとし、次による。

1. 屋根形状は、雨仕舞のよい形状とする。
2. 屋根勾配は、屋根ふき材と流れ長さに適した勾配を確保し、かつ、1/10以上とする。
3. 軒の出及びけらばの出は、外壁を本章8.4.1（一般事項）の1による壁体内通気を可能とする構造としない場合は、次のいずれかによる。

　イ．□軒の出及びけらばの出を60cm以上とする。

　ロ．□軒の出及びけらばの出を30cm以上とし、かつ、外壁には雨水の浸入を防止する有効な仕上げを施す。

5.5.2 小屋ばり

1. 断面寸法は、荷重の状態、スパン及びはり間隔等を勘案して適切なものとし、特記による。
2. 末口135mm以上の丸太の継手は、受け材上で台持ち継ぎとし、下木にだぼ2本を植え込み、かすがい両面打ちとするか又は六角ボルト2本締めとする。受け材当たりは渡りあごとし、手ちがいかすがい打ちとする。
3. 末口135mm未満の丸太の継手は、受け材上でやりちがいとし、六角ボルト2本締めとする。受け材当たりは渡りあごとし、手ちがいかすがい打ちとする。
4. 製材又は構造用集成材（製材等）を用いる場合の継手は、柱より持ち出し、追掛け大栓継ぎとする。又ははりせいが120mm程度のものは、大材を持ち出し腰掛けかま継ぎとし、短ざく金物両面当て、六角ボルト締めとする。
5. 軒げた又は敷げたとの仕口は、かぶとあり掛け又は渡りあごとし、いずれも羽子板ボルト締めとする。また、上端ぞろえとする場合の仕口は、大入れあり掛けとし、羽子板ボルト締めとする。

5.5.3 小屋束

1. 断面寸法は、90mm×90mmを標準とする。ただし、多雪区域においては105mm×105mmを標準とする。
2. 上部・下部の仕口は、短ほぞ差しとし、かすがい両面打ち又はひら金物当てくぎ打ちとする。

5.5.4 むな木・母屋

1. 断面寸法は、次による。
   - イ. 母屋の断面寸法は、90mm×90mm以上とする。ただし、多雪区域においては、105mm×105mmを標準とする。
   - ロ. むな木の断面寸法は、母屋の断面寸法以上とし、たる木当たりの欠き込み等を考慮して適切なものとし、特記する。
2. 継手は、束の位置を避け、束より持ち出して、腰掛けかま継ぎ又は腰掛けあり継ぎとし、N75くぎ2本打ちとする。
3. T字部の仕口は、大入れあり掛けとし、上端よりかすがい打ちとする。

5.5.5 けた行筋かい・振止め

束に添え付け、N50くぎ2本を平打ちする。

5.5.6 たる木

1. 断面寸法は、荷重の状態、軒の出等を勘案して、適切なものとし、特記による。
2. 継手は、乱に配置し、母屋上端でそぎ継ぎとし、くぎ2本打ちとする。
3. 軒先部以外の留付けは、受け材当たりN75くぎで両面を斜め打ちとする。ただし、たる木のせいが45mm程度の場合は、N100くぎを脳天打ちとすることができる。
4. 軒先部の留付けは、けたへひねり金物、折曲げ金物又はくら金物を当て、くぎ打ちとし、すべてのたる木を留め付ける。
5. かわら棒ぶき屋根の場合のたる木間隔は、かわら棒の留付け幅と同一とする。

5.5.7 火打ちばり

小屋組の火打ちばりは、床組の火打ちばりと同様とし、本章5.8.7（火打ちばりによる床組の補強方法）による。

5.6 屋根野地

5.6.1 ひき板野地板

1. ひき板の厚さは、9mm以上とする。
2. 継手は、板の登り約10枚ごとに乱継ぎとし、継手はたる木心で突付けとする。
3. 取付けは、たる木に添え付け、たる木当たりN38くぎ2本を平打ちとする。なお、板そばは、見えがくれの場合は添え付け、見えがかりの場合はすべり刃又は相じゃくりとする。

5.6.2 合板野地板

1. 合板の品質は、合板のJASに適合する構造用合板で、接着の程度1類、厚さ9mm以上のもの、又はこれと同等以上の性能を有するものとする。
2. 合板のホルムアルデヒドの発散量に関する品質については、特記による。
3. 取付けは、間隔150mm内外に受け材当たりN38くぎを平打ちする。

5.6.3 パーティクルボード野地板

1. パーティクルボードの品質は、JIS A 5908（パーティクルボード）に適合するもので、曲げ強さによる区分は13タイプ以上、耐水性による区分は耐水1又は耐水2のものとし、厚さ12mm以上とする。
2. パーティクルボードのホルムアルデヒドの発散量に関する品質については、特記による。
3. 取付けは、間隔150mm内外に、受け材当たりN50くぎを平打ちとし、継目部分は2〜3mmのすき間をあける。なお、軒及び妻側の部分に使用する広小舞、登りよど、破風板等には木材を使用する。

5.6.4 構造用パネル野地板

1. 構造用パネルの品質は、構造用パネルのJASに適合するもの、又はこれと同等以上の性能を有するものとする。
2. 構造用パネルのホルムアルデヒドの発散量に関する品質については、特記による。
3. 取付けは、間隔150mm内外に、受け材当たりN50くぎを平打ちとし、継目部分はすき間をあける。なお、軒並びに妻側の部分に使用する広小舞、登りよど、破風板等には木材を使用する。

5.7 軒まわり・その他

5.7.1 鼻隠し

1. 継手の位置は、たる木心とし、次のいずれかにより、たる木当たりにくぎ打ちとする。
    - イ. ☐突付け継ぎ又はそぎ継ぎとする。
    - ロ. ☐厚木の場合は、隠し目違い入れとする。
2. 破風板との取合いは、突付けくぎ打ちとする。

5.7.2 破風板

継手の位置は、母屋心とし、次のいずれかにより、むな木、母屋及びけた当たりにくぎ打ちとする。
- イ. ☐そぎ継ぎ又は突付け継ぎとする。
- ロ. ☐厚木の場合は、隠し目違い入れとする。

5.7.3 広小舞・登りよど

1. 広小舞の継手は、鼻隠しの継手の位置を避け、たる木心で突付け継ぎとし、たる木当たりくぎ打ちとする。
2. 登りよどの継手は、破風板の継手の位置を避け、母屋心で突付け継ぎとし、受け材当たりくぎ打ちとする。
3. 広小舞と登りよどの仕口は、大留めとし、くぎ打ちとする。
4. 広小舞及び登りよどの見えがかりの野地板との取合いは、相じゃくりとし、くぎ打ちとする。

5.7.4 面戸板

たる木相互間へはめ込み、くぎ打ちとする。

5.8 床組

5.8.1 大引き

1. 断面寸法は、90mm×90mm以上とする。
2. 継手は、床束心から150mm内外持ち出し、相欠き継ぎのうえ、N75くぎ2本打ちとするか又は腰掛けあり継ぎとする。
3. 仕口は、次による。
    - イ. 土台との取合いは、大入れあり掛け、腰掛け又は乗せ掛けとし、いずれもN75くぎ2本斜め打ちとする。
    - ロ. 柱との取合いは、添え木を柱に取り付けたのち、乗せ掛けとするか、柱に大入れとし、いずれもN75くぎ2本を斜め打ちとする。

5.8.2 床束

床束は、次のいずれかによる。
1. ☐木製床束とする場合は、次による。
    - イ. 断面寸法は、90mm×90mm以上とする。
    - ロ. 上部仕口は、次のいずれかによる。
        - (イ) ☐大引きに突付けとし、N75くぎを斜め打ちのうえ、ひら金物を当て、く

　　　　ぎ打ち又はかすがい打ちとする。
　　　（ロ）□大引きへ一部びんた延ばしとし、N65くぎ2本を平打ちする。
　　　（ハ）□大引きに目違いほぞ差しとし、N75くぎ2本を斜め打ちする。
　　ハ．下部は、束石に突付けとし、根がらみを床束に添え付けくぎ打ちとする。
　2．□プラスチック束とする場合は、特記による。
　3．□鋼製束とする場合は、特記による。

5.8.3 根太掛け
　1．断面寸法は、24mm×90mm以上とする。
　2．継手は、柱心で突付け継ぎとし、N75くぎ2本を平打ちする。
　3．留付けは、柱、間柱当たりにN75くぎ2本を平打ちする。

5.8.4 根太
　1．断面寸法は、45mm×45mm以上とする。ただし、大引きあるいは2階床ばり間隔が900mm内外の場合は、45mm×60mm以上とする。また、大引きあるいは2階床ばり間隔が1,800mm内外の場合は、45mm×105mm以上とする。
　2．根太間隔は、畳床の場合は450mm内外とし、その他の場合は300mm内外とする。
　3．継手は、受け材心で突付け継ぎとし、N90くぎを平打ちする。
　4．はり又は大引きとの取合いは、置渡しとし、N75くぎ2本斜め打ちとする。ただし、根太のせいが90mm以上の場合は、大入れ又は渡りあご掛けとし、N75くぎ2本を斜め打ちする。
　5．床組に根太を用いない場合は、特記による。特記によらない場合は、本章5.8.8（構造用面材による床組の補強方法）の5による。

5.8.5 2階床ばり
　1．断面寸法は、荷重の状態、スパン、はり間隔等を勘案して適切なものとし、特記による。
　2．継手は、次のいずれかによる。
　　イ．□受け材上で大材を下にして台持ち継ぎとし、六角ボルト2本締めとする。
　　ロ．□上木先端部が受け材心より150mm内外になるように、下木を持ち出し、追掛け大栓継ぎとする。
　　ハ．□上木先端部が受け材心より150mm内外になるように、下木を持ち出し上端をそろえ、腰掛けかま継ぎとし、短ざく金物両面当て、六角ボルト締めくぎ打ちとする。
　3．仕口は、次のいずれかによる。
　　イ．□柱との取合いは、かたぎ大入れ短ほぞ差しとし、羽子板ボルト締め又は箱金物ボルト締めとする。
　　ロ．□T字取合いは大入れあり掛けとし、羽子板ボルト締めとする。
　　ハ．□受け材が横架材の場合は、受け材との取合いは、渡りあご掛けとする。

5.8.6 火打材
　床組面（及び小屋組面）には、床組を補強する火打材を設けるものとする。火打材は、火打ちばり又は構造用面材とする。なお、構造用面材は床下地合板と兼用することができるものとする。

5.8.7 火打ちばりによる床組の補強方法
　火打ちばりによる床組の補強方法は、次のいずれかによる。
　1．□木製火打ちとする場合は、次による。
　　イ．断面寸法は、90mm×90mm以上とする。
　　ロ．はり・胴差し・けた等との仕口は、かたぎ大入れとし、六角ボルト締めとする。ただし、はり・胴差し・けた等の上端又は下端に取り付ける場合は、渡りあご

又はすべりあごとし、いずれも六角ボルト締めとする。

2. □鋼製火打ちとする場合は、特記による。

5.8.8 構造用面材による床組の補強方法
構造用面材による床組の補強方法は、次による。

1. 断面寸法105mm×105mm以上の床ばりを、1,820mm内外の間隔で、張り間方向又はけた行方向に配置する。

2. 床ばり、胴差しと柱の仕口、床ばりと胴差しの仕口は、金物、ボルトを用いて緊結して補強する。

3. 根太を設けた床組とし、根太と床ばり及び胴差しの上端高さが同じ場合の取合いは、次による。

   イ．根太の断面寸法は、45mm×105mm以上とする。ただし、床ばりの間隔を910mm内外とする場合は、根太の断面寸法を45mm×60mm以上とする。

   ロ．根太の間隔は、500mm以下とする。

   ハ．根太は、床ばり・胴差しに大入れ落し込み、N75くぎ2本斜め打ちとするか、又は根太受け金物等を用いて床ばり・胴差しに留め付ける。

   ニ．床下地板の品質は、次のいずれかによる。

      (イ)□JASに適合する構造用合板で、種類1類、厚さ12mm以上であるもの。

      (ロ)□パーティクルボードのJISに適合するもので、曲げ強さは13タイプ以上、耐水性は耐水1又は耐水2で、厚さ15mm以上であるもの。

      (ハ)□JASに適合する構造用パネルであるもの。

   ホ．床下地板の張り方は、床下地板の長手方向を根太と直交させ、かつ、千鳥張りとし、胴差し及び床ばりに20mm以上のせてくぎ打ちする。床下地板は、根太等の受け材上で突付け継ぎとする。

   ヘ．床下地板のくぎ打ちは、床下地板をN50くぎを用い、くぎ打ち間隔150mm以下で、根太、床ばり、胴差し及び受け材に平打ちして固定する。

4. 根太を設けた床組とし、根太と床ばり及び胴差しの上端高さが異なる場合の取合いは、次による。

   イ．根太の断面寸法は、45mm×105mm以上とする。ただし、床ばりの間隔を910mm内外とする場合は、根太の断面寸法を45mm×60mm以上とする。

   ロ．根太の間隔は、340mm以下とする。

   ハ．床ばりなどに直交する根太は渡りあごかけとし、N75くぎ2本斜め打ちとする。また、根太に直交する床ばり及び胴差しの際には、根太と同寸以上の受け材を設ける。際根太及び受け材は、床ばり又は胴差しに、N90くぎで間隔250mm以内に千鳥に平打ちする。

   ニ．床下地板の品質及び張り方は、3のニ及びホによる。

   ホ．床下地板のくぎ打ちは、床下地板をN50くぎを用い、くぎ打ち間隔150mm以下で、根太、際根太及び受け材に平打ちして固定する

5. 根太を用いない床組とし、直接、床下地板を床ばり又は胴差しに留め付ける場合の取合いは、次による。

   イ．下地板の品質は、合板のJASに適合する構造用合板で厚さは24mm以上とする。

   ロ．下地板は、その四周囲を床ばり又は胴差しに直接留め付ける。N75くぎを用い、間隔150mm以下で平打ちして固定する。

   ハ．床下地板にさね加工を施した構造用合板を用いる場合は、床ばり又は胴差しに、構造用合板の短辺の外周部分に各1列、その間に1列以上になるように、N75くぎを用いて150mm以下の間隔で平打ちして固定する（はり等の横架材の間隔が1m以下の場合に限る。）。

5.9 ひさし

5.9.1 陸ひさし

1. 型板の取付けは、柱の側面を15mm程度欠き取ったのち、型板を柱にはめ込み、N65くぎ5本を平打ちする。なお、間柱へは、型板を添え付け、N65くぎ5本を平打ちする。
2. 鼻隠しの上端は、ひさし勾配に削る。継手及び取付けは、次のいずれかによる。
   - イ. □化粧の場合の継手は、型板心で相欠き継ぎとし、すみは下端を見付け留め3枚に組む。留付けは、型板に添え付け、くぎ頭つぶし打ちとする。
   - ロ. □見えがくれ（モルタル塗り等）の場合の継手は、型板心で突付け継ぎとする。留付けは型板に添え付け、くぎ打ちとする。
3. 広小舞を取り付ける場合は、型板心で突付け継ぎとし、型板に添え付け、くぎ打ちとする。
4. 野地板は、型板心で突付け継ぎとし、留付けは、板そばを添え付け、型板当たりくぎ打ちとする。
5. 化粧天井板継手は、乱に型板心で相欠き継ぎとし、留付けは、板そばを相じゃくりとし、型板当たりくぎ打ちとする。

5.9.2 腕木ひさし

1. 腕木と柱の仕口は、次のいずれかによる。
   - イ. □柱へ下げかまほぞ差しとし、上端よりくさび締めのうえ、くさび抜け止めくぎ打ちとする。
   - ロ. □柱へ短ほぞ差しとし、上端より斜めくぎ打ちとする。
2. 出しげたは　腕木に渡りあご掛け、隠しくぎ打ちとする。
3. たる木掛けは　上端をひさし勾配に削り、たる木彫りをして、柱に欠き込み、くぎ打ちとする。
4. 広小舞は　化粧野地板との取合いを板じゃくりとし、すみを大留めとする。また、たる木に添え付け、くぎ打ちとする。
5. ひさし板は、そば相じゃくりとし、たる木当たりくぎ打ちとする。

5.10 バルコニー

5.10.1 跳出しバルコニー

跳出しバルコニーの仕様は、次による。
1. 跳出しバルコニーの外壁心からの跳出し長さは、おおむね1m以下とし、これを超える場合は、特記による。
2. 跳出しばりの断面寸法は、荷重の状態、跳出し長さ、はり間隔を勘案して適切なものとし、特記による。
3. 跳出し長さは、屋内側の床ばりスパンの1/2以下とし、先端部分はつなぎばりで固定する。
4. 跳出しばりの継手、仕口は、次の方法とする。
   - イ. 跳出しばりには、原則として継手は設けてはならない。
   - ロ. 仕口は、屋内については、本章5.8.5（2階床ばり）による。
   - ハ. 胴差しとの取合いは、乗せ掛け又は渡りあご掛け、羽子板ボルト締めとする。
   - ニ. 跳出しばりとつなぎばりのT字取合いは、羽子板ボルト締めとする。
   - ホ. イからニによらない場合は、特記による。
5. 根太の断面寸法、受けばりへの取合いは、本章5.8.4（根太）の1から4により、2階根太と同じとする。
6. FRP塗膜防水仕上げの下地板張りは、次による。
   - イ. 下地板はJASに適合する普通合板の1類、構造用合板の1類若しくは特類、又は構造用パネルとする。
   - ロ. 下地板を受ける根太間隔が350mm以下では、下地板は厚さ12mmを2枚張り

B	グラスウール断熱材 　通常品(12-45、12-44、16-45、16-44、20-42、20-41) 　高性能品(HG10-45、HG10-44、HG10-43、HG12-43、 　　　　　HG12-42、HG12-41) ロックウール断熱材(LA、LB、LC) ビーズ法ポリスチレンフォーム断熱材4号 ポリエチレンフォーム断熱材1種1号、2号	$\lambda = 0.045 \sim 0.041$
C	グラスウール断熱材 　通常品(20-40、24-38、32-36、40-36、48-35、64-35) 　高性能品(HG14-38、HG14-37、HG16-38、HG16-37、 　　　　　HG16-36、HG20-38、HG20-37、HG20-36、 　　　　　HG20-35、HG24-36、HG24-35、HG28-35、 　　　　　HG32-35) インシュレーションファイバー断熱材(ファイバーマット) 吹込み用グラスウール 　(LFGW2040、LFGW2238、LFGW3238、LFGW3240、 　LFGW3540) ロックウール断熱材(LD、MA、MB、MC、HA、HB) ビーズ法ポリスチレンフォーム断熱材2号、3号 押出法ポリスチレンフォーム断熱材1種b(A、B、C) ポリエチレンフォーム断熱材2種 吹込み用セルローズファイバー 　(LFCF2540、LFCF4040、LFCF4540、LFCF5040、 　LFCF5540) フェノールフォーム断熱材 　2種1号(AI、AII)、3種1号(AI、AII) 吹付け硬質ウレタンフォーム断熱材A種3 吹込み用ロックウール(LFRW6038)	$\lambda = 0.040 \sim 0.035$
D	グラスウール断熱材 　通常品(80-33、96-33) 　高性能品(HG20-34、HG24-34、HG24-33、HG28-34、 　　　　　HG28-33、HG32-34、HG32-33、HG36-34、 　　　　　HG36-33、HG36-32、HG36-31、HG38-34、 　　　　　HG38-33、HG38-32、HG38-31、HG40-34、 　　　　　HG40-33、HG40-32、HG48-33、HG48-32、 　　　　　HG48-31) ロックウール断熱材(HC) ビーズ法ポリスチレンフォーム断熱材1号 押出法ポリスチレンフォーム断熱材2種b(A、B、C) フェノールフォーム断熱材2種2号(AI、AII) 硬質ウレタンフォーム断熱材1種1号(I、II) ポリエチレンフォーム断熱材3種 吹付け硬質ウレタンフォーム断熱材A種1、2	$\lambda = 0.034 \sim 0.029$
E	押出法ポリスチレンフォーム断熱材 　スキン層なし3種a(A、B、C)、3種b(A、B、C) 　スキン層付き3種a(AI、AII、BI、BII、CI、CII)、 　　　　　3種b(AI、AII、BI、BII、CI、CII) 硬質ウレタンフォーム断熱材 　1種2号(I、II)、3号(I、II)、 　2種1号(AI、AII)、2号(AI、AII、BI、BII)、3号(I、II)、 　　4号(I、II)、 　3種1号(AI、AII、BI、BII、CI、CII、DI、DII)、 　3種2号(AI、AII、BI、BII、CI、CII、DI、DII) フェノールフォーム断熱材2種3号(AI、AII) 吹付け硬質ウレタンフォーム断熱材A種1H、2H	$\lambda = 0.028 \sim 0.023$

F	押出法ポリスチレンフォーム断熱材 　スキン層なし3種aD、3種bD 　スキン層付き3種a(DⅠ、DⅡ)、3種b(DⅠ、DⅡ) 硬質ウレタンフォーム断熱材2種 　1号(BⅠ、BⅡ、CⅠ、CⅡ、DⅠ、DⅡ、EⅠ、EⅡ)、 　2号(CⅠ、CⅡ、DⅠ、DⅡ、EⅠ、EⅡ、FⅠ、FⅡ) フェノールフォーム断熱材1種 　1号(AⅠ、AⅡ、BⅠ、BⅡ、CⅠ、CⅡ、DⅠ、DⅡ、EⅠ、EⅡ)、 　2号(AⅠ、AⅡ、BⅠ、BⅡ、CⅠ、CⅡ、DⅠ、DⅡ、EⅠ、EⅡ)、 　3号(AⅠ、AⅡ、BⅠ、BⅡ、CⅠ、CⅡ、DⅠ、DⅡ、EⅠ、EⅡ)	λ＝0.022以下

7.3.3 断熱材の熱抵抗値又は厚さ

　断熱材の熱抵抗値又は厚さは、地域の区分、施工部位、断熱材の種類に応じ、次表に掲げる数値以上とする。ただし、使用する断熱材に、その断熱材の熱抵抗値が表示されている場合には、各部位ごとに必要な熱抵抗値に適合していること。（「必要な熱抵抗値」の単位は$m^2 \cdot K/W$）

〔早見表の活用にあたっての注意〕

　以下の早見表の断熱材の厚さは、断熱材の各グループのうち、熱伝導率の最大値を用いて算出した厚さを5mm単位で切り上げたものである。したがって、使用する断熱材によっては、必要厚さを早見表に掲げる数値よりも低い値とすることが可能であり、この場合の断熱材の種類・厚さは特記する。

1地域・2地域　大壁造

部位 断熱材の厚さ		必要な 熱抵抗値	断熱材の種類・厚さ（単位：mm）						
			A-1	A-2	B	C	D	E	F
屋根又は天井		2.7	145	135	125	110	95	80	60
壁	真壁造	－	－	－	－	－	－	－	－
	大壁造	2.1	110	105	95	85	75	60	50
床	外気に接する部分	2.6	140	130	120	105	90	75	60
	その他の部分	2.1	110	105	95	85	75	60	50

1地域・2地域　真壁造

部位 断熱材の厚さ		必要な 熱抵抗値	断熱材の種類・厚さ（単位：mm）						
			A-1	A-2	B	C	D	E	F
天　井		3.1	165	155	140	125	110	90	70
壁	真壁造	－	真壁造の壁体内に充填可能な厚さ						
	大壁造	2.0	105	100	90	80	70	60	45
床	外気に接する部分	2.6	140	130	120	105	90	75	60
	その他の部分	2.1	110	105	95	85	75	60	50

3地域・4地域

部位 断熱材の厚さ		必要な 熱抵抗値	断熱材の種類・厚さ（単位：mm）						
			A-1	A-2	B	C	D	E	F
屋根又は天井		1.2	65	60	55	50	45	35	30
壁	真壁造	1.0	55	50	45	40	35	30	25
	大壁造	0.8	45	40	40	35	30	25	20
床	外気に接する部分	0.8	45	40	40	35	30	25	20
	その他の部分	0.7	40	35	35	30	25	20	20

5地域・6地域

部位 断熱材の厚さ		必要な熱抵抗値	断熱材の種類・厚さ(単位：mm)						
			A-1	A-2	B	C	D	E	F
屋根又は天井		0.8	45	40	40	35	30	25	20
壁	真壁造	0.7	40	35	35	30	25	20	20
	大壁造	0.6	35	30	30	25	25	20	15
床	外気に接する部分	0.6	35	30	30	25	25	20	15
	その他の部分	0.5	30	25	25	20	20	15	15

7地域・8地域

部位 断熱材の厚さ	必要な熱抵抗値	断熱材の種類・厚さ(単位：mm)						
		A-1	A-2	B	C	D	E	F
屋根又は天井	0.5	30	25	25	20	20	15	15

7.3.4 断熱材の厚さ・熱抵抗値の特例

1つの部位で断熱材の厚さ又は熱抵抗値を減ずる場合には、以下の方法により行うものとする。ただし、2、3及び4の項目は、いずれか1つのみ適用できるものとする。

1. 1つの部位で断熱材の厚さ又は熱抵抗値を減ずる場合は、他のすべての部位の断熱材の厚さ又は熱抵抗値に、当該部位で減じた断熱材の厚さ又は熱抵抗値を付加するものとする。

2. 外壁の一部で熱抵抗値を減ずる場合は、次のイ、ロ又はハのいずれかの方法で、当該部分で減じた熱抵抗値を補完するものとする。ただし、熱抵抗値を減ずる部分の面積は、開口部を除く外壁面積の30%以下とする。

   イ. ☐他の外壁で補完する場合は、当該壁で減じた熱抵抗値を他の外壁の熱抵抗値に付加する。

   ロ. ☐屋根又は天井で補完する場合は、当該壁で減じた熱抵抗値を屋根又は天井の熱抵抗値に付加する。

   ハ. ☐床で補完する場合は、当該壁で減じた熱抵抗値を床の熱抵抗値に付加する。

3. 外壁の一部で熱抵抗値を減ずる場合は、次のイ又はロの方法で当該部分で減じた熱抵抗値を開口部で補完するものとする。ただし、減じることができる熱抵抗値は、当該部分の基準値の1/2を上限とし、かつ、熱抵抗値を減ずる部分の面積は、開口部を除く外壁面積の30%以下とする。

   イ. ☐開口部（居室と区画されている玄関その他これに類する区画の出入口の建具を除く）の建具を、地域の区分に応じ、次の(イ)〜(ハ)のいずれかとする。

   (イ)1地域及び2地域における開口部は、次による。

       a. 窓又は引戸は、次のいずれかとする。

         (a) ☐ガラス単板入り建具の三重構造であるもの

         (b) ☐ガラス単板入り建具と低放射複層ガラス(空気層12mm以上)入り建具との二重構造であるもの

         (c) ☐ガラス単板入り建具と複層ガラス(空気層12mm以上)入り建具との二重構造であって、少なくとも一方の建具が、木製又はプラスチック製であるもの

         (d) ☐二重構造のガラス入り建具で、ガラス中央部の熱貫流率が1.51(単位はW/(m²·K)。以下同じ。)以下のもの

         (e) ☐二重構造のガラス入り建具で、少なくとも一方の建具が木製又はプラスチック製であり、ガラス中央部の熱貫流率が1.91以下のもの

       b. 窓、引戸又は框ドアは、次のいずれかとする。

         (a) ☐低放射複層ガラス(空気層12mm以上)又は3層複層ガラス(空気層が各12mm以上)入り建具であって、木製、プラスチック製、木と金属の複合材料製又はプラスチックと金属の複合材料製のいずれ

かであるもの

(b) ☐木製、プラスチック製、木と金属の複合材料製又はプラスチックと金属の複合材料製のガラス入り建具で、ガラス中央部の熱貫流率が2.08以下のもの

c. ドアは、次のいずれかとする。

(a) ☐木製建具で扉が断熱積層構造であるもの。なお、ガラス部分を有するものにあっては、ガラス部分を低放射複層ガラス（空気層12mm以上）、3層複層ガラス（空気層が各12mm以上）、又はガラス中央部の熱貫流率が2.08以下のもののいずれかとする。

(b) ☐金属製熱遮断構造又は木、若しくはプラスチックと金属との複合材料製の枠と断熱フラッシュ構造扉で構成される建具であるもの。なお、ガラス部分を有するものにあっては、ガラス部分を低放射複層ガラス（空気層12mm以上）、3層複層ガラス（空気層が各12mm以上）、又はガラス中央部の熱貫流率が2.08以下のもののいずれかとする。

(ロ) 3地域における開口部は、次による。

a. 窓又は引戸は、次のいずれかとする。

(a) ☐ガラス単板入り建具の二重構造で、少なくとも一方の建具が木製又はプラスチック製であるもの

(b) ☐ガラス単板入り建具の二重構造で、枠が金属製熱遮断構造であるもの

(c) ☐ガラス単板入り建具と複層ガラス（空気層6mm以上）入り建具との二重構造であるもの

(d) ☐二重構造のガラス入り建具で、ガラス中央部の熱貫流率が2.30以下のもの

b. 窓、引戸又は框ドアは、次のいずれかとする。

(a) ☐複層ガラス（空気層6mm以上）入り建具で、木製又はプラスチック製のもの

(b) ☐ガラス単板2枚使用（中間空気層12mm以上）、複層ガラス（空気層12mm以上）又は低放射複層ガラス（空気層6mm以上）入り建具であって、木と金属の複合材料製又はプラスチックと金属の複合材料製のいずれかであるもの

(c) ☐ガラス単板2枚使用（中間空気層12mm以上）、複層ガラス（空気層12mm以上）又は低放射複層ガラス（空気層6mm以上）入り建具であって、金属製熱遮断構造であるもの

(d) ☐木製又はプラスチック製のガラス入り建具で、ガラス中央部の熱貫流率が3.36以下のもの

(e) ☐木と金属の複合材料製又はプラスチックと金属の複合材料製のガラス入り建具で、ガラス中央部の熱貫流率が3.01以下のもの

(f) ☐金属製熱遮断構造のガラス入り建具であり、ガラス中央部の熱貫流率が3.01以下のもの

c. ドアは、次のいずれかとする。

(a) ☐木製建具で扉が断熱積層構造であるもの。なお、ガラス部分を有するものにあっては、ガラス部分をガラス単板2枚使用（中間空気層12mm以上）、複層ガラス（空気層12mm以上）、低放射複層ガラス（空気層6mm以上）、又はガラス中央部の熱貫流率が3.01以下のもののいずれかとする。

(b) ☐金属製熱遮断構造又は木、若しくはプラスチックと金属との複合材料製の枠と断熱フラッシュ構造扉（金属製表裏面材の中間に、断熱材を密実に充填し、辺縁部を熱遮断構造としたものをいう。）で構成

される建具であるもの。なお、ガラス部分を有するものにあっては、ガラス部分をガラス単板2枚使用（中間空気層12mm以上）、複層ガラス（空気層12mm以上）、低放射複層ガラス（空気層6mm以上）、又はガラス中央部の熱貫流率が3.01以下のもののいずれかとする。

(ハ) 4地域、5地域、6地域、7地域及び8地域における開口部は、次による。

    a. 窓又は引戸は、ガラス単板入り建具の二重構造とする。

    b. 窓、引戸又は框ドアは、次のいずれかとする。

      (a) ☐ ガラス単板2枚（中間空気層12mm以上）入り建具

      (b) ☐ 複層ガラス（空気層6mm以上）入り建具

      (c) ☐ ガラス入り建具で、ガラス中央部の熱貫流率が4.00以下のもの

    c. ドアは、次のいずれかとする。

      (a) ☐ 扉がフラッシュ構造（金属製表裏面材の中間の密閉空気層を紙製若しくは水酸化アルミニウム製の仕切り材で細分化した構造、又は当該密閉空気層に断熱材を充填した構造をいう。）の建具であるもの。ただし、ガラス部分を有するものにあっては、ガラス部分をガラス単板2枚使用（中間空気層12mm以上）、複層ガラス（空気層6mm以上）、又はガラス中央部の熱貫流率が4.00以下のもののいずれかとする。

      (b) ☐ 扉が木製の建具であるもの。ただし、ガラス部分を有するものにあっては、ガラス部分をガラス単板2枚使用（中間空気層12mm以上）、複層ガラス（空気層6mm以上）、又はガラス中央部の熱貫流率が4.00以下のもののいずれかとする。

      (c) ☐ 扉が金属製熱遮断構造パネルの建具であるもの。ただし、ガラス部分を有するものにあっては、ガラス部分をガラス単板2枚使用（中間空気層12mm以上）、複層ガラス（空気層6mm以上）、又はガラス中央部の熱貫流率が4.00以下のもののいずれかとする。

ロ. ☐ 開口部（居室と区画されている玄関その他これに類する区画の出入口の建具を除く）の熱貫流率を、地域の区分に応じ、次の表に掲げる数値以下とする。

地域の区分	1・2	3	4・5・6・7・8
熱貫流率(W/(m²·K))	2.33	3.49	4.65

4. 屋根又は天井で熱抵抗値を減ずる場合は、地域の区分に応じ、次のイ又はロのいずれかの方法で、当該部分で減じた熱抵抗値を補完するものとする。ただし、減じることができる熱抵抗値は、当該部分の基準値の1/2を上限とする。

イ. ☐ 外壁で補完する場合は、減じた熱抵抗値の0.3倍以上を外壁の断熱材の熱抵抗値に付加する。

ロ. ☐ 開口部で補完する場合は、以下のいずれかによる。

    (イ) ☐ 開口部（居室と区画されている玄関その他これに類する区画の出入口の建具を除く。）の建具を、本章7.3.4（断熱材の厚さ・熱抵抗値の特例）の3のイとする。

    (ロ) ☐ 開口部（居室と区画されている玄関その他これに類する区画の出入口の建具を除く。）の熱貫流率を、地域の区分に応じ、次の表に掲げる数値以下とする。

地域の区分	1・2	3	4・5・6・7・8
熱貫流率(W/(m²·K))	2.91	4.07	4.65

5. 湿式真壁については、湿式真壁の部位の断熱材の施工を省略することができる。

6. 一戸建住宅にあっては、床の「外気に接する部分」のうち、住宅の床面積の合計の5％以下の部分については、本章7.3.3（断熱材の熱抵抗値又は厚さ）における早見表において、「その他の部分」とみなすことができる。

7.4 断熱材等の施工

7.4.1 断熱材等の加工

1. 切断などの材料の加工は、清掃した平たんな面上で、定規等を用い正確に行う。
2. 加工の際、材料に損傷を与えないように注意する。
3. ロールになったフェルト状断熱材を切断する場合は、はめ込む木枠の内のり寸法より5～10mm大きく切断する。
4. ボード状断熱材は、専用工具を用いて、内のり寸法にあわせて正確に切断する。

7.4.2 断熱材の施工

1. 断熱材は、すき間なく施工する。
2. 断熱材を充填する場合は、周囲の木枠との間及び室内側下地材との間に、すき間が生じないよう均一にはめ込む。
3. 充填工法の場合は、フェルト状、ボード状又は吹込み用断熱材を、根太や間柱などの木枠の間にはめ込み、又は天井の上に敷き込むことにより取り付ける。
4. ボード状断熱材を充填する場合、すき間が生じたときは、現場発泡断熱材などで適切に補修する。
5. ボード状断熱材又はフェルト状断熱材を柱、間柱、たる木、軒げた、野地板等の外側に張り付ける（外張りする）場合は、断熱材の突付け部を、柱などの下地がある部分にあわせ、すき間が生じないようにくぎ留めする。
6. 耳付きの防湿層を備えたフェルト状断熱材を施工する場合は、耳を木枠の室内側見付け面に、間隔200mm内外でステープル留めとする。
7. 上記以外の取付けを行う場合は、特記による。

7.4.3 防湿材の施工

1. 防湿材は、次のいずれかに該当するもの、又はこれらと同等以上の透湿抵抗を有するものとする。
   - イ．□ JIS A 6930（住宅用プラスチック系防湿フィルム）に適合するもの
   - ロ．□ JIS Z 1702（包装用ポリエチレンフィルム）に適合するもので、厚さ0.05mm以上のもの
   - ハ．□ JIS K 6781（農業用ポリエチレンフィルム）に適合するもので、厚さ0.05mm以上のもの
2. グラスウール、ロックウール、セルローズファイバー等の繊維系断熱材及びJIS A 9526に規定する吹付け硬質ウレタンフォームA種3、その他これらに類する透湿抵抗の小さい断熱材（以下「繊維系断熱材等」という。）を使用する場合は、外気等に接する部分に防湿材等を室内側に施工して防湿層を設ける。ただし、次のいずれかの場合は、当該部位について防湿層の設置を省略することができる。
   - イ．土塗り壁の外側に断熱層がある場合
   - ロ．床断熱において、断熱材下側が床下に露出する場合、又は湿気の排出を妨げない構成となっている場合
   - ハ．建設地の地域の区分が8地域（沖縄県）の場合
   - ニ．断熱層が単一の材料で均質に施工され、透湿抵抗比（断熱層の外気側表面より室内側に施工される材料の透湿抵抗の合計値を、断熱層の外気側表面より外気側に施工される材料の透湿抵抗の合計値で除した値）が次の値以上である場合
     - （イ）1地域、2地域及び3地域で、壁は4、屋根又は天井は5
     - （ロ）4地域で、壁は2、屋根又は天井は3
     - （ハ）5地域、6地域及び7地域で、壁、屋根又は天井は2
   - ホ．イからニと同等以上の結露の発生の防止に有効な措置を講ずる場合は、特記による。
3. 防湿材の施工は、次のいずれかによる。
   - イ．□防湿材は幅広の長尺シートを用い、連続させ、すき間のできないように施工

する。また、継目は下地材のあるところで30mm以上重ね合わせる。

ロ. □イによらず耳付きの防湿材を備えたフェルト状断熱材を用いる場合は、防湿材を室内側に向けて施工する。なお、防湿材の継目は、すき間が生じないよう十分突き付け施工する。すき間が生じた場合は、1に掲げる防湿材に、アルミテープ等の防湿テープで補修する。

4. 防湿材は、電気配線や設備配管などにより破られないよう注意して施工する。万一、防湿材が破れた場合は、アルミテープ等の防湿テープで補修する。

7.4.4 防風材の施工

1. 防風材は、通気層を通る外気が断熱層に侵入することを防止する材料とし、十分な強度及び透湿性を有するもので、次のいずれか、又はこれらと同等以上の強度及び透湿性を有するものとする。
   イ. JIS A 6111 (透湿防水シート) に適合するシート
   ロ. 合板
   ハ. シージングボード
   ニ. 火山性ガラス質複層板、MDF、構造用パネル (OSB) 等の面材
   ホ. 付加断熱材として使用される発泡プラスチック系断熱材、ボード状繊維系断熱材
   ヘ. 付属防湿層付き断熱の外気側シート
2. 繊維系断熱材等を屋根・外壁の断熱に用い、通気層がある場合は、断熱層の屋外側に防風層を設ける。
3. 防風材は、すき間のないように施工する。
4. シート状防風材は、通気層の厚さを確保するため、ふくらまないように施工する。

7.4.5 基礎の施工

基礎断熱の場合の基礎の施工は、次による。
1. 床下空間を有する基礎断熱工法とする場合又は土間コンクリート床の場合、断熱位置は、基礎の外側、内側又は両側のいずれかとする。
2. 断熱材は吸水性が小さい材料を用い、原則として基礎底盤上端から基礎天端まで打込み工法により施工する。
3. 断熱材の継目は、すき間ができないように施工する。型枠脱型後、すき間が生じているときは、現場発泡断熱材などで補修する。
4. 基礎の屋外側に設ける断熱材は、外気に接しないよう、外装仕上げを行う。
5. 基礎天端と土台との間には、すき間が生じないようにする。
6. 床下防湿及び防蟻措置は、本章3.4.5 (床下防湿・防蟻措置) による。
7. ポーチ、テラス、ベランダ等の取合い部分で断熱欠損が生じないよう施工する。

7.4.6 床の施工

床断熱の場合の床の施工は、次による。
1. 最下階の床及び外気に接する床の断熱材の施工にあたっては、施工後、有害なたるみ、ずれ、屋内側の材料との間にすき間が生じないよう、原則として受け材を設ける。
2. 床下の換気は、本章3.3.11 (床下換気) による。
3. 地面からの水蒸気の発生を防ぐため、本章3.3.15 (床下防湿) による床下防湿工事を行う。
4. 土間コンクリート床は、本章3.3.5 (土間コンクリート床) による。

7.4.7 壁の施工

1. 断熱材の施工にあたっては、長期間経過してもずり落ちないよう施工する。
2. 断熱材は、原則として、土台からけたにすき間なくはめ込むか、又は外張りとする。
3. 断熱材は、筋かい、配管部分にすき間ができないように注意して施工する。

4. 断熱層の屋外側に通気層を設け、壁内結露を防止する構造とし、特記による。特記のない場合は、本章8.4.1 (一般事項) の1による。

5. 配管部は、管の防露措置を行うとともに、断熱材は配管の屋外側に施工する。

7.4.8 天井の施工

天井断熱の場合の天井の施工は、次による。

1. 天井の断熱材は、天井と外壁との取合い部、間仕切り壁との交差部、吊り木周囲の部分で、すき間が生じないよう注意して天井全面に施工する。

2. 天井の断熱材は、野縁と野縁間、又は野縁をまたいで天井全面に敷き込む。

3. 天井の断熱材により、小屋裏換気経路がふさがれないように注意して施工する。

4. 小屋裏換気については、本章8.9 (小屋裏換気) による。

5. 埋込み照明器具(ダウンライト)を使用する場合には、次のいずれかによる。

　イ．□器具を断熱材でおおうことができるS形ダウンライト等を使用し、グラスウール、ロックウール等の不燃性の断熱材を連続して施工し、断熱層を設ける。

　ロ．□S形埋込み形照明器具以外の埋込み照明器具を使用し、過熱による発火防止のため、上部には断熱材をおおわないこととする。これによらない場合は、各製造所の仕様による。

7.4.9 屋根の施工

屋根断熱の場合の屋根の施工は、次による。

1. 断熱材を屋根のたる木間に施工する場合は、施工後、有害なたるみ、ずれ、すき間などが生じないよう、原則として受け材を設ける。

2. 断熱材を屋根のたる木の屋外側に取り付ける場合は、屋根と外壁の取合い部で、断熱材のすき間が生じないよう注意して施工する。

3. 断熱材の外側には、通気層を設ける。また、断熱材として繊維系断熱材等を使用する場合には、断熱材と通気層の間に防風層を設ける。

4. 屋根断熱の通気層への入気等のため、軒裏には通気孔を設ける。

7.4.10 気流止め

1. 屋根又は天井と壁及び壁と床との取合い部においては、外気が室内に流入しないよう当該取合い部に気流止めを設ける等、有効な措置を講じる。

2. 間仕切り壁と天井又は床との取合い部において、間仕切り壁の内部の空間が天井裏又は床裏に対し開放されている場合にあっては、当該取合い部に気流止めを設ける。

7.4.11 注意事項

住宅の次に掲げる部位では、おさまりと施工に特に注意し、断熱材及び防湿材にすき間が生じないようにする。

　イ．外壁と天井及び屋根との取合い部

　ロ．外壁と床との取合い部

　ハ．間仕切り壁と天井及び屋根又は床との取合い部

　ニ．下屋の小屋裏の天井と壁との取合い部

8.造作工事

8.1 床板張り

8.1.1 ひき板下地板
1. ひき板の厚さは、12mm以上とする。
2. 板そば及び継手は突付けとし、根太当たりN50くぎ2本を平打ちする。

8.1.2 合板下地板
1. 合板の品質は、合板のJASに適合する構造用合板の種類1類、厚さ12mm以上のもの、又はこれと同等以上の性能を有するものとする。
2. 張り方は、板の長手方向が根太と直交するように張り、根太心で突き付け、くぎ間隔は根太当たり150mm内外で、N50くぎを平打ちする。

8.1.3 パーティクルボード下地板
1. パーティクルボードの品質は、JIS A 5908（パーティクルボード）に適合し、曲げ強さによる区分が13タイプ以上、耐水性による区分が耐水1又は耐水2で厚さ15mm以上のもの、又はこれらと同等以上の性能を有するものとする。
2. 張り方は、本章5.6.3（パーティクルボード野地板）による。

8.1.4 構造用パネル下地板
1. 構造用パネルの品質は、構造用パネルのJASに適合するもの、又はこれと同等以上の性能を有するものとする。
2. 張り方は、本章5.6.4（構造用パネル野地板）による。

8.1.5 二重床下地板
1. 荒板張りは、本章8.1.1（ひき板下地板）から8.1.4（構造用パネル下地板）による。
2. 荒板張りの上に施工する合板の品質は、特記による。
3. 張り方は、突付け張りとし、四周を間隔150mm内外でくぎ打ちする。はぎ目は、サンドペーパー掛けとし、目違い払いとする。

8.1.6 普通床板
1. 板厚は15mm以上とし、板そばは相じゃくり又は本ざねじゃくりとする。
2. 相じゃくりとする場合の継手は、受け材心で突き付け、N50くぎを平打ちする。
3. 本ざねじゃくりとする場合の張り方は、本章8.1.7（フローリング）2のイによる。

8.1.7 フローリング
1. フローリングの品質及び種類は、特記による。特記がない場合は、フローリングのJASに適合する複合フローリングとする。
2. 張り方は、次による。
   - イ．複合フローリングを根太に直接張る場合は、くぎ、接着剤を併用し、根太に直角に張る。板そば木口は本ざね継ぎ、敷居付きは小穴入れ、根太当たりは雄実上から隠しくぎ打ちとする。
   - ロ．直張りをする場合は、下地をよく清掃したのち、エポキシ樹脂系の接着剤又はウレタン樹脂系の接着剤を下地全面に均等に塗布し、入念に張り込む。

8.1.8 養生等
1. 張り上げたのちは、厚手の紙を用いて、よごれや損傷を防ぎ、雨などがかからないよう入念に養生する。
2. 下地材の継目と仕上材の継目が重ならないようにする。

8.2 敷居・かもい・その他

8.2.1 敷居

1. 敷居と柱との接合は、一方は横ほぞ差し又は目違い入れとし、他方は横栓打ちとする。
2. 敷居下端と下地材との間に、間隔450mm内外にかい木を入れ、くぎ掘りのうえ、くぎ打ちする。
3. 雨がかりは、上端を水返しじゃくりのうえ、水垂れ勾配をつけ、外部下端に水切りじゃくりをつける。

8.2.2 縁框

1. 柱に渡りあご掛けとし、継手は柱心で目違い継ぎとする。
2. 縁框の柱への取付けは、隠しくぎ打ちのうえ、下端から目かすがい打ちとする。

8.2.3 かもい、むめ

かもい及びむめの柱への取付けは、一方は横ほぞ差し、他方はすり込みとし、上端よりくぎ2本打ち、若しくは集成材とする場合は突付けとし、隠しくぎ打ちとする。

8.2.4 付けかもい、畳寄せ

1. 付けかもいは、一方は短ほぞ差し、他方はすり込みとし隠しくぎ打ち、又は両方たたき締め、突付けとし隠しくぎ打ち若しくは柱間に切り込み、隠しくぎ打ちとする。
2. 畳寄せは、柱間に切り込み、隠しくぎ打ちとする。

8.2.5 つり束

1. つり束の下部は、2枚ほぞ差しとし、隠しくぎ打ち又は目かすがい2本をほぞ穴に仕込み打ちとする。
2. 上部のはり又はけたとの取合いは、長ほぞ差しとし、こみ栓打ち又はかすがい両面打ち、又は平ほぞ差しかすがい両面打ちとする。

8.2.6 なげし

1. なげしと柱との取合いは、えり輪欠きとし、間隔450mm以内にくぎ掘りをして、かもい又は付けかもいに隠しくぎ打ちとする。
2. 入隅部分は、下端留め目違い入れとする。

8.2.7 窓、出入口

1. 開き戸の場合のたて枠は、戸当たりじゃくり又は戸当たり押縁を添え付け、木ねじ又は接着剤で留め付ける。
2. 外部引違いの場合のたて枠は、建付け溝じゃくりとする。
3. 開き戸の場合の上下枠は、戸当たりじゃくりとする。雨がかり箇所のくつずり上端は、水返しじゃくりとし、水垂れ勾配をつける。また、外部下端にも水切りじゃくりをつける。
4. たて枠と上下枠との取付けは、上下ともえり輪入れとし、くぎ2本打ちとする。雨がかり箇所の下部は、傾斜付きほぞ差しとし、くぎ2本打ちとする。
5. 枠の取付けは、両端及び間隔450mm内外にかい木をし、かい木位置で柱などにくぎ打ちする。

8.2.8 がくぶち

がくぶちは枠に添え付け、隅の見付けは大留めとし、両端及び間隔450mm内外に隠しくぎ打ちとする。

8.2.9 幅木

1. 継手は、柱心で目違い継ぎ又は突付け継ぎとし、出隅及び入隅は大留めとする。

2. 幅木の取付けは、床に小穴入れ又は添え付けとし、隠しくぎ打ちとする。

8.3 内外壁下地

8.3.1 胴縁

1. 耐力壁の下地とする場合の胴縁の間隔等は、本章5.3.1（大壁耐力壁の種類等）に適合するものとする。
2. 非耐力壁の下地とする場合の胴縁の間隔は、450mm以内とし、受け材にくぎで留め付ける。

8.3.2 左官下地

1. 木ずりとする場合は、本章5.1.11（木ずり）に準ずる。
2. せっこうボードとする場合は、次による。
   イ．せっこうボード、またはせっこうラスボードの品質は、JIS A 6901（せっこうボード製品）に適合するもの、又はこれと同等以上の性能を有するものとし、厚さ9.5mm以上とする。
   ロ．継手は受け材心で突付け継ぎとし、受け材当たり間隔100mm内外で、GNF40くぎ又はCNC40くぎを平打ちする。
3. 構造用合板、各種ボード類の下地張りは、本章5.3（大壁造の面材耐力壁）に準ずる。
4. 木毛セメント板張りとする場合は、本章8.11（内壁のせっこうボード張り・その他のボード張り）に準ずる。なお、木毛セメント板は、厚さ15mmで中細木毛とする。

8.4 外壁内通気措置

8.4.1 一般事項

外壁における通気措置は、次のいずれかによる。

1. □外壁内に通気層を設け、壁体内通気を可能とする構造とする。
   イ．防風防水材は、JIS A 6111（透湿防水シート）に適合する透湿防水シート等、気密性と防水性及び湿気を放散するに十分な透湿性を有する材料とする。
   ロ．通気層に用いる胴縁は、原則として乾燥材とする。
   ハ．通気層の構造は、次のいずれかによる。
      (イ)□土台水切り部から軒天井見切り縁又は軒裏通気孔に通気できる構造
      (ロ)□土台水切り部から天井裏を経由し、小屋裏換気孔に通気できる構造
   ニ．外壁仕上材及びその下地工法、土台水切り、見切り縁などは、外壁内通気に支障ないものとし、特記による。
2. □外壁材を板張りとし、直接通気を可能とする構造とする場合は、次による。
   イ．防風防水材は、JIS A 6111（透湿防水シート）に適合する透湿防水シート等、気密性と防水性及び湿気を放散するに十分な透湿性を有する材料とする。
   ロ．外壁板張りは、本章8.5（外壁板張り）とし、水蒸気の放出が可能な構造とする。
   ハ．外壁材を板張りとする場合の軒の出は、本章5.5.1（一般事項）の3のイ又はロによるものとする。
3. □1又は2によらない場合は、特記による。

8.4.2 工法

本章8.4.1(一般事項)の1により、外壁内に通気層を設け、壁体内通気を可能とする場合の工法は、次による。

1. 防風防水材の施工は開口部まわり、外壁上下端部及び取合い部分の雨水処理、水切り取付け等の必要な先工事の終了後に行う。
2. 防風防水材は、下方向から上方向によろい状に張り上げ、重ね幅は上下方向90mm、左右方向150mm以上とし、たるみ、しわのないように張る。開口部まわりの処理は、本章11.1（外部建具及び止水）による。留付けはステープルで、継目部分は300mm間隔、その他の箇所は要所に行う。

3. 通気胴縁は厚さ15mm以上、幅45mm以上で、外壁材留付けに適切な幅とし、かつ外壁仕上材及び下地材の重量を躯体に伝達できるものとする。なお、外壁材を張る方向により縦胴縁、又は横胴縁のいずれかを用いる。

    イ．縦胴縁とする場合は、仕上材継目部、壁の出隅部及び入隅部では、通気胴縁の幅を90mm以上とする。開口部周囲は、建具枠周囲の通気が可能なように、30mm程度のすき間を設ける。なお、上下端部は雨仕舞よくおさめる。

    ロ．横胴縁とする場合は、仕上材継目部、壁の出隅部及び入隅部では、通気胴縁の幅を90mm以上とし、胴縁端部及び長さ1,820mm内外に30mm程度の通気のあきを設ける。

4. 胴縁を用いない外壁内通気措置は、特記による。

8.5 外壁板張り

8.5.1 たて羽目張り

1. 板そばは、本ざねじゃくり、幅割合せとする。継手は、受け材心で相欠き、乱継ぎとする。

2. 取付けは、受け材当たりに通りよく、つぶし頭くぎ打ち又はしんちゅうくぎ打ちとする。

8.5.2 よろい下見板張り

1. 板幅をそろえ、羽重ねは20mm内外とする。

2. 継手は、受け材心で相欠き、乱継ぎとする。取付けは、受け材当たりに通りよく、つぶし頭くぎ打ち又はしんちゅうくぎ打ちとする。

8.5.3 押縁下見板張り

1. 板幅をそろえ、羽重ねは20mm内外とする。板の取付けは、羽重ね下ごとに受け材当たりくぎ打ちとする。

2. 板の継手は、柱心で突付けとする。

3. 押縁は羽刻みを行い、受け材当たりくぎ打ちとする。かど及び出入口の際の押縁は、厚手の下見板を木口隠しじゃくりしたものとする。押縁の継手は、羽重ね位置でそぎ継ぎとする。

8.5.4 雨押え

1. 雨押えの継手は、柱心で突付け継ぎとし、出隅及び入隅は大留めとする。

2. 雨押えの取付けは、柱及び間柱へ欠き込み、くぎ打ちとする。

8.5.5 見切り縁

見切り縁の継手は、柱心で目違い継ぎとし、出隅及び入隅は大留めとし、受け材当たりくぎ打ちとする。

8.6 窯業系サイディング張り

8.6.1 材料

1. 窯業系サイディング材は、JIS A 5422（窯業系サイディング）に適合するもの、又はこれらと同等以上の性能を有するものとする。

2. シーリング材は、JIS A 5758（建築用シーリング材）に適合するもの、又はこれと同等以上の性能を有するものとする。

3. ジョイナー、防水テープ等は、各製造所の指定する材料とする。

8.6.2 工法

1. 窯業系サイディング張りは、壁体内通気を可能とする構造とし、本章8.4.1（一般事項）の1及び本章8.4.2（工法）による。これによらない場合は、特記による。

2. サイディング材の取付けは、目地通りよく、不陸、目違い等のないように行う。

3. サイディングと土台水切り等の取合いは、10mm程度のすき間をあける。
4. 開口部まわりの防水処理は、防水テープ等により補強するものとし、本章11.1(外部建具及び止水)による。
5. 窯業系サイディング材の留付け材料及び留付け方法は、各サイディング製造所の仕様によるものとし、特記による。
6. 水切り及び雨押えの取付けは、本章6.9(各屋根ふき材の水切り・雨押え)による。
7. その他の工法は、各製造所の仕様によることとし、特記による。

8.7 金属サイディング等張り

8.7.1 材料
金属サイディング等の品質は、JIS A 6711(複合金属サイディング)に適合するもの、JIS G 3312(塗装溶融亜鉛めっき鋼板及び鋼帯)に適合するもの、又はこれと同等以上の性能を有するもので建築用外板用とする。

8.7.2 工法
1. 金属サイディング等張りは、壁体内通気を可能とする構造とし、本章8.4.1(一般事項)の1及び本章8.4.2(工法)による。これによらない場合は、特記による。
2. 金属サイディング等の留付け材料及び留付け方法は、各製造所の仕様によるものとし、特記による。

8.8 開口部まわりのシーリング処理

8.8.1 材料
シーリング材は、JIS A 5758(建築用シーリング材)に適合するもの、又はこれと同等以上の性能を有するものとする。

8.8.2 工法
1. シーリング材の充填は、原則として、吹付けなどの仕上げ前に行う。なお、仕上げ後にシーリング材を充填する場合は、シーリング材被着面に塗料等がかからないよう養生するとともに、シーリング材の施工にあたっては、目地周囲にシーリング材がはみ出さないようテープなどで十分養生する。
2. プライマーを塗布したのち、製造所の指定する時間放置し、指で乾燥を確認しながらシーリング材を速やかに充填する。
3. シーリング目地は、ワーキングジョイントとし、2面接着とする。目地底にボンドブレーカーを設けるなどして、3面接着を避ける。

8.9 小屋裏換気

8.9.1 小屋裏換気
小屋裏空間が生じる場合の小屋裏換気は、次の1及び2による。ただし、天井面ではなく屋根面に断熱材を施工する場合(屋根断熱)は、小屋裏換気孔は設置しないこととする。屋根断熱の場合の屋根の施工は、7.4.9(屋根の施工)による。
1. 小屋裏換気孔は、独立した小屋裏ごとに2箇所以上、換気に有効な位置に設ける。
2. 換気孔の有効換気面積等は、次のいずれかによる。
 イ. ☐両妻壁にそれぞれ換気孔(吸排気両用)を設ける場合は、換気孔をできるだけ上部に設けることとし、換気孔の面積の合計は、天井面積の1/300以上とする。
 ロ. ☐軒裏に換気孔(吸排気両用)を設ける場合は、換気孔の面積の合計を天井面積の1/250以上とする。
 ハ. ☐軒裏又は小屋裏の壁のうち、屋外に面するものに吸気孔を、小屋裏の壁に排気孔を、垂直距離で900mm以上離して設ける場合は、それぞれの換気孔の面積を天井面積の1/900以上とする。
 ニ. ☐排気筒その他の器具を用いた排気孔は、できるだけ小屋裏頂部に設けること

とし、排気孔の面積は天井面積の1/1,600以上とする。また、軒裏又は小屋裏の壁のうち、屋外に面するものに設ける吸気孔の面積は、天井面積の1/900以上とする。

ホ．□軒裏又は小屋裏の壁のうち、屋外に面するものに吸気孔を設け、かつ、むね部に排気孔を設ける場合は、吸気孔の面積を天井面積の1/900以上とし、排気孔の面積を天井面積の1/1,600以上とする。

8.9.2 スクリーン

小屋裏換気孔には、雨、雪、虫等の侵入を防ぐため、スクリーン等を堅固に取り付ける。

8.10 内壁合板張り

8.10.1 材料

1. 合板の品質は、合板のJASに適合する普通合板、特殊合板（天然木化粧合板、特殊加工化粧合板）、構造用合板、化粧ばり構造用合板若しくは構造用パネルのJASに適合するもの、又はこれらと同等以上の性能を有するものとする。
2. 水がかり箇所又はこれに準ずる箇所に使用する合板の種類は、1類とする。
3. 普通合板を使用する場合、合板の表面の品質は、1等とする。
4. 合板のホルムアルデヒドの発散量に関する品質については、特記による。

8.10.2 工法

1. 合板の張付けは、目地通りよく、不陸、目違いなどのないように行う。
2. 留付けは、150mm内外にくぎ打ちする。なお、くぎ打ちに合わせて接着剤を併用する場合の留付けは、特記による。

8.11 内壁のせっこうボード張り・その他のボード張り

8.11.1 材料

1. せっこうボードの品質は、JIS A 6901（せっこうボード製品）の各種類に適合するもの、又はこれと同等以上の性能を有するものとする。
2. その他ボード類の品質は、次表に掲げるもの又はこれらと同等以上の性能を有するものとする。

材　種	規　格
インシュレーションボード	JIS A 5905（繊維板)の規格品
MDF	
ハードボード	
吸音用軟質繊維板	JIS A 6301（吸音材料)の規格品
パーティクルボード	JIS A 5908（パーティクルボード)の規格品
化粧パーティクルボード	JIS A 5908（パーティクルボード)の規格品
木毛セメント板	JIS A 5404（木質系セメント板)の規格品
スレート	JIS A 5430（繊維強化セメント板)の規格品
けい酸カルシウム板(タイプ2)	
スラグせっこう板	

3. その他のボード類のホルムアルデヒドの発散量に関する品質については、特記による。
4. くぎ、木ねじ、接着剤及びパテなどは、各製造所の指定する材料とする。

8.11.2 工法

1. ボードの張付けは、次による。
   イ．ボードの張付けは、目地通りよく、不陸、目違いなどのないように行う。
   ロ．下張りの上に張る場合は、主として接着剤を使用するが、必要に応じて、くぎ、木ねじを併用して張り付ける。

ハ. 直張りの場合は、くぎ又は木ねじを使用して張り付け、必要に応じて接着剤を併用する。

ニ. 下地へくぎ留めする場合は、くぎの間隔をボード周辺部については100mm内外とし、へりより10mm程度内側にくぎ打ちする。その他の中間部は、150mm内外の間隔とする。

ホ. 硬質繊維板は、少なくとも24時間前に水打ちしたものを使用する。

ヘ. 木毛セメント板張りの場合は、座金当てくぎ打ちとする。

2. 張り下地とする場合の張付けは、次による。

イ. 紙又は布張り下地となるボード類の張付けは、継目は突付け張りとし、特に周囲の継目は、すき間及び目違いのないように張り付ける。原則として継目をジョイントテープなどで補強をし、継目、くぎ頭などはJIS A 6914（せっこうボード用目地処理材）に適合するもの、又はこれらと同等の性能を有するもので、パテかいをして平に仕上げる。

ロ. 防火材料面の不陸直しに使用するパテは、無機質のものとする。

8.12 天井下地

8.12.1 野縁受け

1. 野縁受けの間隔は、900mm内外とし、野縁又は竿縁と交差する箇所でくぎ打ちする。

2. 継手の位置は、野縁交差箇所を避ける。継手は、突付け継ぎとし、両面添え木当てとするか、相添え継ぎとし、くぎ打ちとする。

8.12.2 野縁

1. 野縁の継手位置は、野縁受けとの交差箇所を避け、乱に配する。継手は、いすか継ぎ、くぎ打ち又は突付け継ぎ、添え木当てくぎ打ちとする。

2. 野縁の間隔は、竿縁天井の場合は450mmを標準とし、その他の天井の場合は、天井仕上材の各製造所の仕様による。

3. 塗り天井、打上げ天井などの野縁は、一方向に配置し、野縁受け下端に添え付け、くぎ打ちとする。

8.12.3 板野縁

1. 継手位置は、野縁の継手箇所を避け、乱に配する。継手は、受け材心で突付け継ぎとする。

2. 野縁は一方向に450mm内外に配置し、板野縁は間隔150mmを標準として、それぞれ野縁下端に添え付け、くぎ打ちとする。

3. 板野縁のホルムアルデヒドの発散量に関する品質については、特記による。

8.12.4 吊り木

1. 吊り木は、900mm内外に配置する。

2. 留付けは、下部は野縁受けに添え付け、くぎ打ちとする。上部は、吊り木受け、床ばり又は小屋ばりに添え付け、くぎ打ちとする。

8.12.5 吊り木受け

1. 吊り木受けは、900mm内外に配置する。

2. 小屋ばりに、なじみ欠きして乗せ掛け、かすがい打ち又はくぎ打ちとする。2階ばりなどには、受け木を打ち付け、これに乗せ掛け、かすがい打ち又はくぎ打ちとする。

8.13 天井張り

8.13.1 打上げ天井

板そばは相じゃくりとし、幅割合せとする。継手は、受け材心で相欠きとし、つぶし頭くぎ打ちとする。

8.13.2 竿縁天井

1. 回り縁は、柱当たりえり輪欠きとし、受け材当たり要所にくさび飼い、隠しくぎ打ちとする。入隅は、下端留め目違い入れとし、出隅は大留めとする。
2. 竿縁は、回り縁へ大入れとし、隠しくぎ打ちとする。
3. 天井板は、羽重ね25mm内外に割合せとする。羽重ね裏は削り合せとし、竿縁及び回り縁当たりに隠しくぎ打ちとする。
4. 天井板のホルムアルデヒドの発散量に関する品質については、特記による。

8.13.3 目透し天井

1. 目透し天井に用いる天井板は、裏桟付き目透し用化粧合板とする。
2. 目透し用化粧合板のホルムアルデヒドの発散量に関する品質については、特記による。
3. 板幅割り配置のうえ、野縁に裏桟間隔900mm内外に取り付ける。

8.13.4 せっこうボード張り・その他のボード張り

天井のせっこうボード張り及びその他のボード張りは、本章8.11（内壁のせっこうボード張り・その他のボード張り）に準ずる。なお、材料の品質・種類は、特記による。

8.14 階段

8.14.1 側げた階段

1. 側げた階段を用いる場合は、次による。
   - イ. 側げたは、段板及び蹴込み板当たりを大入れ彫りとする。側げたと軸組との取合いは、柱及び胴差しその他を欠き取りとするか、相欠きとし、柱その他へ隠しくぎ打ちとする。
   - ロ. 段板は下端に蹴込み板じゃくりをし、側げたに大入れとする。その後、下端からくさびを飼い、くさびが抜け落ちないようくぎ打ちする。
   - ハ. 蹴込み板の取付けは、側げた及び上段板にはさみ込み、下段板に添え付け、くぎ打ちとし、上及び両端とも裏面よりくさびを飼い、くさびが抜け落ちないようくぎ打ちする。
   - ニ. 親柱を設ける場合の下部は、受け材に長ほぞ差しとし、こみ栓打ち、隠しくぎ打ちとする。
   - ホ. 親柱を設ける場合の手すりは、親柱へ大入れ短ほぞ差しとし、接着剤等を用いて堅固に取り付ける。手すり子は、上下とも短ほぞ差しとする。
2. 上記のホルムアルデヒドの発散量に関する品質については、特記による。

8.14.2 その他の階段

側げた階段以外の階段とする場合は、特記による。

8.14.3 階段手すり、すべり止め

階段には手すりを設けるとともに、必要に応じて、すべり止め等の措置を講ずる。

8.15 バルコニーの床防水

8.15.1 バルコニー床をFRP塗膜防水仕上げとする床下地

バルコニー床をFRP塗膜防水仕上げとする床下地は、本章5.10.1（跳出しバルコニー）の6による。

8.15.2 FRP塗膜防水

1. FRP塗膜防水は、ガラスマット補強材を2層以上としたものとする。仕様は、JASS 8に規定するL-FF又はこれと同等以上の防水性能を有するものとする。なお、防水層の上にモルタル等の仕上げを施す場合は、各製造所の保護仕様のものとする。
2. 防水層の立上り高さは、外部開口部の下端で120mm以上、それ以外の部分で250

mm以上とする。

8.15.3 防水層立上りの建具まわり止水

1. サッシ取付けに対して防水工事があと施工となり、防水層を直接サッシ枠に重ねる場合は、次による。
   - イ. 防水層は、サッシ下枠及びたて枠のくぎ打ちフィンの幅全体をおおう。くぎ打ちフィン面は、十分目荒らしをし、プライマーを塗布して、塗りむら等が生じないように防水層を施工する。
   - ロ. サッシ枠と防水層端部の取合い部には、シーリング処理を施す。サッシたて枠と防水層立上りの取合い部についても同様とする。
2. サッシ取付けに対して、防水工事がさき施工となり、防水層の立上げを窓台上端までとする場合は、次による。
   - イ. 防水層は、立上り下地板の上端部まで施工する。
   - ロ. サッシたて枠と取り合う防水層端部には、シーリング処理を施す。
   - ハ. 防水層にサッシが取り付く範囲は、くぎ打ちフィンと防水層の間に、防水上有効なパッキング材等を挿入する。ただし、これによらない場合は、特記による。
3. サッシ取付けに対して、防水工事がさき施工となり、壁内側へ防水層を巻き込む場合は、次による。
   - イ. 防水層は、サッシ取付け部の窓台まで施工する。
   - ロ. サッシ下枠が載る巻き込み防水層上面は、防水層の塗厚を均一とし、サッシ枠にゆがみが生じないよう施工する。
   - ハ. 防水層を柱の側面まで立ち上げる場合は、サッシたて枠の取付けに支障が生じない立上げ方とする。
   - ニ. 防水層にサッシが取り付く範囲は、サッシくぎ打ちフィンと防水層の間に、防水上有効なパッキング材等を挿入する。ただし、これによらない場合は、特記による。
4. 2及び3において、サッシたて枠が防水層に取り付く部分は、その上部の防水層がない部分との下地面の差により、サッシ枠にゆがみが生じないよう防水層の厚さを調整する。ただし、防水層の厚さによる調整としない場合は、特記による。

8.15.4 その他の防水工法

その他の防水工法は、各製造所の仕様によるものとし、特記による。

8.15.5 排水処理

1. 排水ドレインは、原則として複数箇所設置する。やむを得ず1箇所となる場合は、オーバーフロー管を設ける。
2. バルコニーの排水管は、原則として屋内を通らない経路とする。ただし、やむを得ず屋内を経由する場合は、適切な防水処理および結露防止措置を行い、点検口を設置する。

8.16 バルコニー手すり

8.16.1 手すり上部の防水

1. 手すりには、金属製の笠木を設ける。
2. 手すり壁の防水紙は、手すり壁に外壁内通気措置を施す場合は、本章8.4.1（一般事項）の1のイにより、手すり壁をモルタル下地ラス張り工法とする場合は、本章9.2.2（材料）の1による。手すり壁の上端に張る鞍掛けシートは、改質アスファルトルーフィング又はこれと同等以上の性能を有するものとする。
3. 手すり壁の上端部は、次による。
   - イ. 手すり壁の外側及び内側の防水紙は、手すり壁上端からそれぞれ反対側に巻き込み、150mm以上立ち下げる。防水紙の立下り部分は、ステープル又は防水

テープで留め付ける。

ロ．鞍掛けシートは、手すり壁上端で折り曲げ、手すり壁の外側及び内側に100mm
程度立ち下げる。鞍掛けシートの立下り部分は、ステープル又は防水テープで
留め付ける。

ハ．笠木を取り付ける位置の鞍掛けシートに両面防水テープを張り、防水テープの
上から笠木を留め付ける。

4. 手すり壁と外壁との取合い部は、手すり壁の防水紙を外壁の防水紙の裏に差し込み、
防水テープで有効に止水する。

5. 手すり壁に飾り窓（風窓）を設置する場合は、1から3に準ずる。

8.16.2 外壁内通気措置

手すり壁に外壁内通気措置を施す場合は、本章8.4（外壁内通気措置）による。

8.16.3 笠木手すり

1. 笠木手すりは、支柱部分から笠木の内部に雨水が浸入しにくく、浸入した雨水は排
出しやすい構造のものとする。

2. 笠木手すりは、熱応力等による伸縮に対して、止水材の破断等が生じにくい構造の
ものとする。

9. 左官工事

9.1 一般事項

9.1.1 下地工法

1. 外壁を湿式仕上げとする場合は、壁体内通気を可能とする構造とし、本章8.4.1（一般事項）の1及び本章8.4.2（工法）による。ただし、次のいずれかによる場合は、この限りではない。
   - イ．軒の出及びけらばの出を60cm以上とする。
   - ロ．軒の出及びけらばの出を30cm以上とし、かつ外壁には雨水の浸入を防止する有効な仕上げを施す。
2. 外壁を湿式仕上げとする場合は、下地をラス張りとする。ただし、平ラスは用いない。これによらない場合は、特記による。

9.1.2 下地処理

1. 下地は、塗付け直前によく清掃する。
2. コンクリート・コンクリートブロックなどの下地は、あらかじめ適度の水湿しを行う。
3. 木毛セメント板の下地は、継目の目透し部にモルタルを詰め込む。

9.1.3 養生

1. 施工にあたっては、近接する他の部材及び他の仕上げ面を汚損しないように紙張り、シート掛け、板おおいなどを行い、施工面以外の部分を保護する。
2. 塗り面の汚損や早期乾燥を防止するため、通風、日照を避けるよう外部開口部の建具には窓ガラスをはめるとともに、塗面には、シート掛け、散水などの措置をする。
3. 寒冷期には、暖かい日中を選んで施工するように努める。気温が2℃以下の場合及びモルタルが適度に硬化しないうちに2℃以下になるおそれのある場合は、作業を中止する。やむを得ず作業を行う場合は、板囲い、シートおおいなどを行うほか、必要に応じて採暖する。なお、工事監理者がいる場合には、その指示を受ける。

9.2 モルタル下地ラス張り工法

9.2.1 一般事項

1. モルタル下地ラス張りとする場合は、壁体内通気を可能とする構造とし、本章8.4.1（一般事項）の1及び本章8.4.2（工法）による。これによらない場合は、本章9.1.1（下地工法）の1のイ又はロによることとし、ラス張りは本章9.2.3（波形ラス張り）、本章9.2.5（ラスシート張り）又は本章9.2.6（特殊なラス張り）による。
2. モルタル下地ラス張りは、胴縁の上に面材若しくはラス下地板等を設けてラス張りを行う場合（二層下地工法）は、本章9.2.3（波形ラス張り）による。また、面材若しくはラス下地板等を用いないで、胴縁の上に直接ラス張りを行う場合（単層下地工法）は、本章9.2.4（紙付きリブラス張り）による。
3. ラスを用いない工法の場合は、特記による。

9.2.2 材料

1. 防水紙は、JIS A 6005（アスファルトルーフィングフェルト）に適合するアスファルトフェルト430、改質アスファルトフェルト又はこれらと同等以上の性能を有するものとする。
2. 波形ラスの品質は、JIS A 5505（メタルラス）に適合するW700で、防錆処理をしたものとする。
3. 紙付きリブラスの品質は、JIS A 5505（メタルラス）に適合するリブラスCで防錆処理したものとする。
4. 特殊ラスの品質は、0.7kg/m²以上とし、防錆処理をしたもので、モルタルの塗厚が

十分確保できるような製品とする。

5. ラスシートの品質は、JIS A 5524（ラスシート（角波亜鉛鉄板ラス））に適合するもので LS1（非耐力壁）、LS4（耐力壁）、又はこれと同等以上の性能を有するものとする。

6. ラスの取付け金物はステープルとし、JIS A 5556（工業用ステープル）に適合する L1019J（線厚 0.6mm × 線幅 1.15mm × 足長さ 19mm 以上）、又はこれと同等以上の性能を有するものとする。

7. ラスシートの取付け金物は、板厚 0.3mm 以上、径 15mm 以上の座金を付けた N38 くぎとし、いずれも防錆処理したものとする。

9.2.3 波形ラス張り

1. 防水紙は、継目を縦、横とも 90mm 以上重ね合わせる。留付けはステープルを用い、継目部分は約 300mm 間隔に、その他の箇所は要所に行い、たるみ、しわのないように張る。ただし、軒裏の場合は、防水紙を省略する。

2. 波形ラスの継目は縦、横とも 30mm 以上重ね継ぐ。ラスの留付けは、ステープルで 100mm 以内に、ラスの浮き上がり、たるみのないよう下地板に千鳥に打ち留める。

3. 出隅及び入隅などの継目は、突付けとし、200mm 幅の共材のラス（平ラス F450 以上）を中央から 90° に折り曲げ、上から張り重ねる。また開口部には、200mm × 100mm の共材のラス（平ラス F450 以上）を各コーナーにできる限り近づけて、斜めに二重張りとする。

4. シージングインシュレーションボードの上に張る場合の打留めは、特記による。

9.2.4 紙付きリブラス張り

1. 紙付きリブラスの張り方は、壁面ごとに下部から留付け上げ、横方向には千鳥状に張り、留め付ける。横方向の継目は 30mm 以上 60mm 以内に重ね、縦方向の継目は端部リブ山を重ね、開口端部では継目を設けない。

2. ラスの留付けは、T 線以上の線径と足長さが 25mm 以上のステープルを用い、必ず胴縁下地の上ですべてのリブを留め付ける。

3. 出隅、入隅部は突合せとし、補強用平ラスを 90° に曲げて下張りしたラスの上から固定する。

9.2.5 ラスシート張り

1. ラスシート LS1 を使用する場合は、継目は 1 山重ね、受け材当たり（間柱又は胴縁等）に、本章 9.2.2（材料）の 7 の座金付き N38 くぎを間隔 200mm 以内に平打ちする。なお、ラスシート LS1 のうち、板厚が 0.19mm のものを使用する場合の受け材の間隔は、455mm 以内とする。

2. 張り方は、受け材が柱又は間柱の場合は横張り、胴縁の場合は縦張りとし、横張り、縦張りとも下部より上部へ向かって漏水しないよう入念に張り上げる。なお、斜め張りは行ってはならない。

3. ラスシート LS4 を使用する場合は、本章 5.3.3（構造用面材の張り方）の 8 による。

9.2.6 特殊なラス張り

モルタル塗厚及び下地材等への保持が十分確保できるような製品とし、特記による。

9.3 モルタル塗り

9.3.1 材料

1. 普通ポルトランドセメント及び白色セメントの品質は、JIS R 5210（ポルトランドセメント）に適合するもの、又はこれと同等の性能を有するものとする。
2. 砂は、有害量の鉄分、塩分、泥土、塵芥及び有機物を含まない良質なものとする。
3. 水は、有害量の鉄分、塩分、硫黄分及び有機不純物などを含まない清浄なものとする。
4. 混和材として用いる消石灰の品質は、JIS A 6902（左官用消石灰）に適合するもの、又はこれと同等以上の性能を有するものとする。
5. ポルトランドセメントに骨材、混和材料又は顔料などを工場で配合したセメント類を用いる場合は、特記による。

9.3.2 調合

モルタルの調合(容積比)は、下表を標準とする。

下　　地	塗付け箇所	下塗り・ラスこすり	むら直し・中塗り	上塗り
		セメント：砂	セメント：砂	セメント：砂：混和材
コンクリートコンクリートブロック	床	－	－	1：2
	内　壁	1：2	1：3	1：3：適量
	外　壁その他	1：2	1：3	1：3：適量
メタルラスラスシート	内　壁	1：3	1：3	1：3：適量
	天　井	1：2	1：3	1：3：適量
	外　壁その他	1：3	1：3	1：3
木毛セメント板	内　壁	1：2	1：3	1：3：適量
	外　壁その他	1：2	1：3	1：3

注1) 混和材(剤)は消石灰、ドロマイトプラスター、ポゾラン、合成樹脂などとする。
　2) ラスこすりには、必要であれば、すさ(つた)を混用してもよい。
　3) 適量とは、セメントに対する容積比で、無機質系の場合は20%以下、合成樹脂系の場合は0.1〜0.5%以下とし、各々製造所の仕様による。

9.3.3 塗厚

塗厚は、下表を標準とする。

下　　地	塗付け箇所	塗　厚(mm)			
		下塗り・ラスこすり	むら直し	中塗り	上塗り
コンクリートコンクリートブロック木毛セメント板	床	－	－	－	25
	内　壁	6	0〜6	6	3
	外　壁その他	6	0〜9	0〜6	6
メタルラスラスシート	内　壁	ラス面より1mm程度厚くする	0〜6	6	6
	天井・ひさし		－	0〜6	3
	外　壁その他		0〜9	0〜9	6

9.3.4 壁塗り工法

1. 下塗り（ラスこすり）は、次による。
   イ．こて圧を十分にかけてこすり塗りをし、塗厚はラスを被覆するようにし、こては下から上に塗り付ける。水引き加減を見て木ごてでならし、目立った空隙を残さない。下塗り面は、金ぐしの類で全面にわたり荒し目をつける。

ロ．塗り付けた後、2週間以上できるだけ長期間放置して、次の塗付けにかかる。
2．むら直しは、次による。
イ．下塗りは乾燥後、著しいひび割れがあれば、目塗りをし、下地面が平たんになっていない部分又は凹部は、つけ送りしつつむら直しを行い、金ぐしの類で荒し目をつける。
ロ．むら直しのあと、下塗りと同様の放置期間をおく。
3．中塗りは、次による。
定規ずりしながら、こて圧を十分にかけて平たんに塗り付ける。繰形部は型板を用い、隅、角、ちり回りは、中塗り前に定規ずりをする。
4．上塗りは、次による。
中塗りの硬化の程度を見計らい、隅、角及びちり回りに注意して、こて圧を十分に塗り付け、水引き程度を見てむらなく平たんに塗り上げる。なお、仕上げについては、特記による。

9.3.5 床塗り工法
床塗りは、次による。
イ．床コンクリート面にモルタル塗りを施す場合は、コンクリート打込み後、なるべく早く取りかかる。
ロ．コンクリート打込み後、日数の経ったものは、純セメントペーストを十分に流し、ほうきの類でかきならした後、塗付けにかかる。なお、吸水調整材を使用する場合は、各製造所の仕様による。
ハ．塗付けは、硬練りモルタルとし、水平、勾配など十分注意しながら定規ずりを行い、水引き具合を見ながら、こてで平滑に押さえ仕上げる。

9.3.6 防水モルタル
1．材料は、本章9.3.1（材料）によるものとし、防水剤は製造所の特記による。
2．調合は、各製造所の仕様による。
3．塗厚は、20mmとする。
4．工法は、次のとおりとする。
イ．下地処理を行う。
ロ．防水モルタルは、材料を正確に計量し、十分に練り混ぜる。
ハ．下塗りは、水勾配等を考えて、金ごてで入念に塗り付け、荒し目をつける。
ニ．上塗りは、塗厚均等に、金ごてで入念に塗り付ける。

9.4 せっこうプラスター塗り
9.4.1 材料
1．せっこうプラスターの品質は、JIS A 6904（せっこうプラスター）に適合するもの、又はこれと同等以上の性能を有するものとし、種類は既調合プラスター及び現場調合プラスターとする。ただし、製造後6ヵ月以上経過したものは使用しない。
2．すさを混入する場合は、白毛すさで長さ30mm程度のものとする。

9.4.2 調合・塗厚
調合（容積比）及び塗厚は、下表を標準とする。

下地	塗り層の種別	骨材配合比(容積比)				白毛すさ(g)、プラスター20kg当たり	塗厚(mm)
		せっこうプラスター		現場調合プラスター	砂		
		既調合プラスター					
		上塗り用	下塗り用				壁
コンクリート コンクリートブロック ラス 木毛セメント板	中塗り	–	1.0	–	2.0	200	8.0
	上塗り	1.0	–	–	–	–	3.0
せっこうラスボード	下塗り	–	注2	1.0	1.5	–	8.0
	中塗り	–	注2	1.0	2.0	–	6.0
	上塗り	1.0	–	–	–	–	3.0

注1) コンクリート下地、コンクリートブロック下地、ラス下地及び木毛セメント板下地は、むら直しまでモルタル塗りの仕様による。
　2) 既調合プラスター(下塗り用)を使用する場合は、現場調合プラスターの塗厚欄のみ適用する。

9.4.3 コンクリート下地、コンクリートブロック下地、ラス下地及び木毛セメント板下地の場合の工法

1. 下塗り（ラスこすり）及びむら直しは、本章9.3.4（壁塗り工法）の1及び2による。
2. 中塗りは、次による。
   イ．セメントモルタルによる下塗りが完全に乾燥したのち、既調合プラスター下塗り用を練り上げ、一度薄くこすり塗りをしたのち、中塗りを行う。
   ロ．水引き加減を見て、木ごてで打ち直しをしたのち、平たんに押さえる。
3. 上塗りは、次による。
   イ．中塗りが半乾燥の時期に、既調合プラスター上塗り用を金ごてを用いて押さえるように平たんに塗り付ける。
   ロ．水引き加減を見て、仕上げごてを用いてなで上げ、必要に応じて最後に水はけで仕上げる。

9.4.4 せっこうラスボード下地の場合の工法

1. 下塗りは、次による。
   イ．せっこうラスボード下地の点検後、現場調合プラスターを一度下ごすり塗りしたのち、平たんに塗り付ける。
   ロ．水引き加減を見て、木ごてを用いてむら直しをする。
2. 中塗り及び上塗りは、次による。
   イ．下塗りの翌日後、中塗りを行う。
   ロ．工法は、本章9.4.3（コンクリート下地、コンクリートブロック下地、ラス下地及び木毛セメント板下地の場合の工法）の2及び3に準ずる。

9.4.5 せっこうボード下地の場合の工法

既調合プラスターを使用し、調合及び工法等は製造所の仕様によることとし、特記による。

9.5 繊維壁塗り

9.5.1 材料

1. 繊維壁材の品質は、JIS A 6909（建築用仕上塗材）に適合するもの、又はこれと同等以上の性能を有するものとし、種類は内装水溶性樹脂系薄付け仕上塗材とする。ただし、耐湿性、耐アルカリ性又はカビ抵抗性を必要とする場合は、特記による。
2. 材料は、水に濡らさないよう保管し、製造後2年以上経過したものは使用しない。
3. 材料のホルムアルデヒドの発散量に関する品質については、特記による。

9.5.2 調合・混練等

1. 容器に指定量の水を入れ、合成樹脂エマルションを使用する場合は、これを混合したのち、製品包装の全量をよくほぐしながら加え、均一になるよう練り混ぜる。
2. 混練り方法及び混水量は、各製造所の仕様による。
3. 色変わりを防ぐため、繊維壁材は施工途中で不足することのないように準備する。

9.5.3 塗厚

こて塗り又は吹付けいずれの場合も、下地が見えない程度の塗厚に仕上げる。

9.5.4 工法

1. こて塗りの場合は、次による。
    - イ．塗付けの途中で繊維の固まりなどができたときは、これを取り除き、塗り見本の模様と等しくなるように塗り広げる。
    - ロ．仕上げは、水引き加減を見計らい、上質の仕上げごてを水平に通し、返しこてをせず、こてむらを取る。ただし、その際に押さえすぎないように注意する。
2. 吹付けの場合は、次による。
    - イ．スプレーガンノズルを下面に対して直角に保ち、模様むら、吹き継ぎむら及び吹き残しのないように注意して施工する。
    - ロ．スプレーガンの種類、ノズルの口径、吹付け圧、吹付け距離などの吹付け条件は、繊維壁材の種類によって異なるので、製造業者の指定による。
3. 施工は乾燥した日を選んで行い、仕上げ後は通風を与えてなるべく早く乾燥させる。

9.6 しっくい塗り

9.6.1 材料

1. 消石灰の品質は、JIS A 6902（左官用消石灰）に適合するもの、又はこれと同等以上の性能を有するものとする。
2. 砂、水及びすさは、本章9.3.1（材料）の2及び3並びに次による。
    - イ．上浜すさ、白毛すさの類とし、強じんで雑物のない乾燥十分なもの
    - ロ．長さは、150mm内外に切ったもの
3. のりは、角又の類、又は化学のりとする。
4. 顔料は、耐アルカリ性の無機質なもので、強い直射日光に対して著しく変色せず、金物をさびさせないものとする。

9.6.2 塗厚

塗厚は、特記がなければ、壁は15mm、天井は12mmを標準とする。

9.6.3 ラス下地の場合の工法

1. ラス下地に調合（容積比）1：3のセメントモルタルの下こすりをし、荒し目をつけ十分乾燥させる。
2. 乾燥後、その上にしっくいで一度薄くこすり塗りを施し、乾燥させる。
3. むら直しは、地むらなく行う。中塗りは、ちり回りを正確に行う。
4. 上塗りは、中塗りの水引き加減を見計らい、こて圧を十分に塗り上げる。

9.6.4 せっこうラスボード下地の場合の工法

下塗り、中塗り及び上塗りは、本章9.4.4（せっこうラスボード下地の場合の工法）に準ずる。

9.7 土壁塗り

9.7.1 小舞下地

1. 材料は、次による。

イ．間渡し竹は、篠竹の丸竹（径12mm以上、3年以上の肉厚のもの）又は真竹の割竹（径40〜60mm、3年以上のものを4〜8個に割ったもの）とする。

ロ．小舞竹は、篠竹又は真竹で、いずれも割竹とする。

ハ．小舞縄は、しゅろ、あさ又はわら縄などとする。

2. 工法は、次による。

イ．間渡し竹は、篠竹の丸使い又は真竹の割竹使いとし、縦・横とも柱貫などの際より約60mm通し、間渡しは300mm内外とし、両端は彫り込み、貫当たりくぎ打ちとする。

ロ．小舞竹は、縦45mm、横35mm内外の間隔とし、間渡し竹当たりは必ず小舞縄でからみ付ける。塗込み貫は、しのぎ削りに荒しを付し、上部はけた類に彫り込み、通し貫当たりにくぎ打ちとする。

ハ．特殊な小舞下地とする場合は、各製造所の仕様によることとし、特記する。

9.7.2 材料

1. 壁土は、良土（荒木田土の類）を用いる。

2. 下塗り及び裏返し塗り用壁土には、わらずさを混入した練り置きものを用いる。

3. むら直し及び中塗り用壁土には、細かい目のふるいを通過したものに、砂及びわらずさを適量混入した練り置きものを用いる。

9.7.3 工法

1. 下塗りは、小舞下地に十分すり込んだのち塗り付け、裏返し塗りをする。下塗りが十分乾燥したのち、むら直しをする。

2. 中塗りは、むら直しが十分乾燥したのち、むらなく塗り付け、平滑にこて押えする。

3. 上塗りは、中塗り乾燥後、繊維壁仕上げの場合は、本章9.5（繊維壁塗り）により、しっくい仕上げの場合は、本章9.6（しっくい塗り）により行う。その他の仕上げの場合は、特記による。

14.ガス設備工事・ガス機器等設置工事

14.1 一般事項

14.1.1 法令等の遵守

1. 都市ガス用設備工事は、ガス事業法、同施行令、同施行規則、ガス工作物の技術上の基準を定める省令、同告示、同解釈例、その他関係法令及びガス事業者が規定する供給約款、技術基準等に基づきガス事業者が設計、施工、検査を行う。
   都市ガス機器等設置工事は、ガス事業法、同施行令、同施行規則、特定ガス消費機器の設置工事の監督に関する法律、同施行令、同施行規則、消防法、ガス機器の設置基準及び実務指針（一般財団法人日本ガス機器検査協会発行）、その他関係法令に基づき施工する。

2. 液化石油ガス用設備工事・液化石油ガス機器等設置工事は、高圧ガス保安法、同法施行令、同法液化石油ガスの保安規則及び同規則関係基準、同法容器保安規則、液化石油ガスの保安の確保及び取引の適正化に関する法律、同法施行令、同法施行規則及び同規則関係基準、特定ガス消費機器の設置工事の監督に関する法律、同施行令、同施行規則、消防法、ガス機器の設置基準及び実務指針（一般財団法人日本ガス機器検査協会発行）、並びにその他関係法令に基づき施工する。なお、工事の施工にあたっては、液化石油ガス設備士（液化石油ガスの保安の確保及び取引の適正化に関する法律に規定する液化石油ガス設備士をいう。）が工事の施工、検査及び試験を行う。

3. 炊事室に設置されるガス配管が、仕上材等により隠されている場合には、配管設備を点検するために必要な開口部又は掃除口による清掃を行うために必要な開口を、当該仕上材等に設ける。

14.2 ガス設備工事

14.2.1 都市ガス設備の材料
管及び継手の品質は、特記による。

14.2.2 液化石油ガス設備の材料
管及び継手の品質は、特記による。

14.2.3 配管
配管の施工は、特記による。

14.2.4 ガス栓の取付け
ガス栓の取付けは、特記による。

14.3 ガス機器等

14.3.1 ガス機器
ガス機器は、特記による。

14.3.2 ガス漏れ警報器
ガス漏れ警報器は、特記による。

15. 電気工事

15.1 一般事項

15.1.1 法令等の遵守

この工事は、電気事業法、電気設備に関する技術基準を定める省令、電気用品安全法、建築基準法、消防法、電気工事士法、その他関係法令、一般社団法人日本電気協会が定める内線規程及び各電力会社の供給規程に基づいて施工する。

15.1.2 試験

1. 電力設備工事の絶縁抵抗の試験は、配線の電線相互間、電線と大地間及び機器と大地間について、開閉器等で区切ることのできる区間ごとに測定し、絶縁抵抗値は、機器を含み2MΩ以上とする。

2. 弱電設備工事の絶縁抵抗の試験は、電線相互間及び電線と大地間について、1回路又は一系統ごとに測定し、絶縁抵抗値は機器を含み1MΩ以上とする。ただし、絶縁抵抗試験を行うのに不適当な部分は、これを除外して行う。

3. 絶縁抵抗測定試験が完了したあとは、必要な手順に従って通電のうえ、各種動作試験を行い、不都合な点のある場合は、適正な動作をするように調整する。

4. 接地抵抗測定試験の抵抗値は、D種接地工事では100Ω以下とし、C種接地工事では10Ω以下とする。

15.2 電力設備工事・弱電設備工事

15.2.1 器具及び材料

電気設計図に基づく各回路の器具及び材料は、特記による。

15.2.2 施工

電力設備・弱電設備の施工は、特記による。

16. 衛生設備工事・雑工事

16.1 衛生設備工事

1. 洗面器、手洗い器、大小便器、キッチンユニット、浴槽、バスユニット及び洗面化粧ユニットなどの品質は、特記による。
2. 混合水栓は、特記による。

16.2 浄化槽工事

16.2.1 一般事項

1. 浄化槽は、建築基準法施行令第32条(汚物処理性能に関する技術的基準)に適合するものとして、国土交通大臣が定めた構造方法(昭和55年建設省告示第1292号(屎尿浄化槽及び合併処理浄化槽の構造方法を定める件))によるもの、又は同大臣の認定を受けた合併処理浄化槽とし、かつ特定行政庁の定める取扱い要綱などによる。
2. 浄化槽の処理対象人員の算定方法は、JIS A 3302(建築物の用途別による屎尿浄化槽の処理対象人員算定基準)による。

16.2.2 設置工事

浄化槽の設置は、特記による。

16.3 便槽工事

便槽工事は、特記による。

16.4 局所換気設備

16.4.1 一般事項

1. 台所などの火気使用室の換気設備及び浴室、洗面所、便所などの水蒸気・臭気が発生する部分の換気設備に係る事項は、この項による。
2. 炊事室、浴室及び便所には、機械換気設備又は換気のできる窓を設ける。
3. 局所換気設備の工事は、建築基準法、同法施行令、同法告示、同法に基づく条例その他関係法令及び一般社団法人日本電気協会が定める内線規程に基づいて施工する。

16.4.2 機器及び材料等

1. ダクト類及び継手類の品質は、特記による。
2. 換気扇及び関連部品は、特記による。
3. 換気設備は、衛生上有効な換気を確保するため、計算によって確かめられた換気風量を有するものとする。

16.4.3 施工

局所換気設備の施工は、特記による。

16.5 居室等の換気設備

16.5.1 一般事項

1. 居間、食堂、台所、寝室、個室、和室その他これらに類する目的のために継続的に使用する場所において、建材の仕上材や家具等からのホルムアルデヒドの発散に対処するために設置する換気設備は、特記による。
2. この工事は、建築基準法、同法施行令、同法告示、同法に基づく条例その他関係法令に基づいて施工する。

16.6 雑工事

16.6.1 住宅用防災機器

住宅用防災機器は、特記による。

16.6.2 太陽光発電システム・太陽熱温水器等

太陽光発電システム・太陽熱温水器等は、特記による。

17. 準耐火構造の住宅の仕様

17.1 45分準耐火構造の住宅の仕様

17.1.1 一般事項

1. 45分準耐火構造の住宅（建築基準法第2条第9号の3のイに該当する住宅をいう。）の防火仕様は、この項による。
   ただし、界壁及び界床を除く主要構造部の各部分を、耐火構造（建築基準法施行令（以下「令」という。）第107条に規定する構造をいう。）又は国土交通大臣の準耐火構造の認定（建築基準法第2条第7号の2及び令第112条第2項の規定に基づく認定をいう。）を受けたものとする場合には、この項によらず特記による。

2. 層間変形角が1/150以内であることを確認することとする。ただし、計算又は実験により、主要構造部が防火上有害な変形、き裂その他の損傷を生じないことが確認されている場合においては、この限りでない。

17.1.2 外壁の耐力壁

17.1.2.1 外壁の耐力壁の室内に面する部分

1. 外壁の耐力壁の室内に面する部分の防火被覆は、次のいずれかとする。
   - イ. ☐ 厚さ15mm以上のせっこうボード（強化せっこうボードを含む。以下同じ。）張り
   - ロ. ☐ 厚さ12mm以上のせっこうボードの上に、厚さ9 mm以上のせっこうボード張り
   - ハ. ☐ 厚さ12mm以上のせっこうボードの上に、厚さ9 mm以上の難燃合板張り
   - ニ. ☐ 厚さ9 mm以上のせっこうボードの上に、厚さ12mm以上のせっこうボード張り
   - ホ. ☐ 厚さ9mm以上の難燃合板の上に、厚さ12mm以上のせっこうボード張り
   - ヘ. ☐ 厚さ7mm以上のせっこうラスボードの上に、厚さ8mm以上のせっこうプラスター塗り

2. 1に掲げる材料の品質は、JIS又はJASに適合するもの、若しくはこれらと同等以上の性能を有するものとする。

3. 防火被覆材の取付け方法は、次による。
   - イ. 防火被覆材は、柱、間柱その他の垂直部材及び土台、はり、胴差しその他の横架材に、長さ40mm以上のGNFくぎ、木ねじ、ステープル、タッピンねじ又はこれらに類する留め金具で確実に留め付ける。ただし、被覆材を2枚重ねて張る場合は、2枚目に張る防火被覆材は、1枚目の防火被覆材と目地が重ならないように割付け、長さ50mm以上の留め金具で留め付ける。
   - ロ. 留め金具の間隔は、防火被覆材の周辺部は150mm以下、中間部は200mm以下とする。なお、防火被覆材を面材耐力壁として使用するときの留め金具の間隔は、せっこうボードを使用する場合は周辺部及び中間部ともに150mm以下とし、せっこうボード以外の材料を使用する場合は特記による。
   - ハ. 防火被覆材は、目地部分及び取合い部分の裏面に当て木を設け、留め付ける。なお、間柱その他の構造材をもって当て木にかえることができる。
   - ニ. 当て木の断面寸法は、30mm × 40mmを標準とする。

17.1.2.2 外壁の耐力壁の屋外に面する部分

1. 外壁の耐力壁の屋外に面する部分の防火被覆は、次のいずれかによる。
   - イ. ☐ 厚さ12mm以上のせっこうボードの上に金属板張り
   - ロ. ☐ 木毛セメント板又はせっこうボードの上に、厚さ15mm以上のモルタル又はしっくい塗り
   - ハ. ☐ モルタルの上にタイルを張ったもので、その厚さの合計が25mm以上のもの
   - ニ. ☐ セメント板又はかわらの上にモルタルを塗ったもので、その厚さの合計25

mm以上のもの

  ホ. □厚さ25mm以上のロックウール保温板の上に金属板張り

 2. 1に掲げる材料の品質は、JISに適合するもの、又はこれと同等以上の性能を有するものとする。

 3. 防火被覆材の取付け方法は、次による。

  イ. 防火被覆材は、500mm 以下の間隔で配置した柱、間柱その他の垂直部材及び土台、はり、胴差しその他の横架材に、長さ40mm以上のGNFくぎ、木ねじ、ステープル、タッピンねじ又はこれらに類する留め金具で確実に留め付ける。ただし、被覆材を2枚重ねて張る場合は、2枚目に張る防火被覆材は、1枚目の防火被覆材と目地が重ならないように割付け、長さ50mm以上の留め金具で留め付ける。

  ロ. 留め金具の間隔は、防火被覆材の周辺部は150mm以下、中間部は200mm以下とする。なお、防火被覆材を面材耐力壁として使用するときの留め金具の間隔は、せっこうボードを使用する場合は周辺部及び中間部ともに150mm以下とし、せっこうボード以外の材料を使用する場合は特記による。

  ハ. 防火被覆材は、目地部分及び取合い部分の裏面に当て木を設け、留め付ける。なお、間柱その他の構造材をもって当て木にかえることができる。

  ニ. 当て木の断面寸法は、30mm×40mmを標準とする。

17.1.3 外壁の非耐力壁

17.1.3.1 外壁の非耐力壁の室内に面する部分

 1. 外壁の非耐力壁の室内に面する部分の防火被覆は、次のいずれかによる。ただし、延焼のおそれのある部分については、本章17.1.2.1（外壁の耐力壁の室内に面する部分）の1による。

  イ. □厚さ12mm以上のせっこうボード張り

  ロ. □厚さ8mm以上のスラグせっこう系セメント板張り

 2. 1に掲げる材料の品質は、JISに適合するもの、又はこれと同等以上の性能を有するものとする。

 3. 防火被覆材の取付け方法は、本章17.1.2.1（外壁の耐力壁の室内に面する部分）の3による。

17.1.3.2 外壁の非耐力壁の屋外に面する部分

 1. 外壁の非耐力壁の屋外に面する部分の防火被覆は、本章17.1.2.2（外壁の耐力壁の屋外に面する部分）の1による。

 2. 1に掲げる材料の品質は、JISに適合するもの、又はこれと同等以上の性能を有するものとする。

 3. 防火被覆の取付け方法は、本章17.1.2.2（外壁の耐力壁の屋外に面する部分）の3による。

17.1.4 界壁以外の内壁

 1. 界壁以外の内壁の室内に面する部分の防火被覆は、次のいずれかとする。

  イ. □厚さ15mm以上のせっこうボード（強化せっこうボードを含む。以下同じ。）張り

  ロ. □厚さ12mm以上のせっこうボードの上に、厚さ9 mm以上のせっこうボード張り

  ハ. □厚さ12mm以上のせっこうボードの上に、厚さ9mm以上の難燃合板張り

  ニ. □厚さ9mm以上のせっこうボードの上に、厚さ12mm以上のせっこうボード張り

  ホ. □厚さ9mm以上の難燃合板の上に、厚さ12mm以上のせっこうボード張り

  ヘ. □厚さ7mm以上のせっこうラスボードの上に、厚さ8mm以上のせっこうプラスター塗り

2. 1に掲げる材料の品質は、JIS又はJASに適合するもの、若しくはこれらと同等以上
   の性能を有するものとする。
3. 防火被覆材の取付け方法は、本章17.1.2.1（外壁の耐力壁の室内に面する部分）の3
   による。

17.1.5 界壁

連続建ての住戸間の界壁の仕様は、次によることとし、小屋裏又は天井裏まで達せしめ
る。

1. 界壁の厚さ（仕上材料の厚さを含まないものとする。）を100mm以上とする。
2. 界壁の内部に厚さが25mm以上のグラスウール（かさ比重0.02以上）又は厚さが25
   mm以上のロックウール（かさ比重0.04以上）のいずれかを充填する。
3. 界壁の両面は、厚さが12mm以上のせっこうボードを2枚張りとする。
4. せっこうボードの留付けは、本章17.1.2.1（外壁の耐力壁の室内に面する部分）の3
   による。

17.1.6 柱

1. 柱の防火被覆は、本章17.1.4（界壁以外の内壁）に準ずる。ただし、本章17.1.2（外壁
   の耐力壁）又は本章17.1.4（界壁以外の内壁）に掲げる防火被覆を設けた壁の内部に
   あるものについては、これによらないことができる。
2. 前号に掲げる防火被覆によらない場合は、次による。
   イ. 令第46条第2項第1号イ及びロに掲げる基準に適合するものとする。
   ロ. 昭和62年建設省告示第1902号（第2号の規定については、2.5cmを3.5cmと読
      み替えて適用する。）に基づき、通常の火災により建築物全体が容易に倒壊する
      おそれのない構造とする。この場合において、柱を接合する部分は、昭和62年
      建設省告示第1901号（第1号の規定については、2.5cmを3.5cmと読み替えて
      適用する。）に適合する構造とする。

17.1.7 界床以外の床（最下階の床を除く）

17.1.7.1 床の表側の部分

1. 床の表側の部分の防火被覆は、次のいずれかとする。
   イ. ☐畳敷きの床（ポリスチレンフォームの畳床を除く。）
   ロ. ☐厚さ12mm以上の構造用合板、構造用パネル、パーティクルボード又はデッ
      キプレート（以下「合板等」という。）の上に、厚さ9mm以上のせっこうボード張
      り
   ハ. ☐厚さ12mm以上の合板等の上に、厚さ8mm以上の硬質木片セメント板張り
   ニ. ☐厚さ12mm以上の合板等の上に、厚さ9mm以上の軽量気泡コンクリート張
      り
   ホ. ☐厚さ12mm以上の合板等の上に、厚さ9mm以上のモルタル、コンクリート
      （軽量コンクリート及びシンダーコンクリートを含む。）敷き流し
   ヘ. ☐厚さ12mm以上の合板等の上に、厚さ9mm以上のせっこうを塗ったもの
   ト. ☐厚さ30mm以上の木材（木材で造られた荒床の厚さを含む。）
2. 1に掲げる材料の品質は、JIS又はJASに適合するもの、若しくはこれらと同等以上
   の性能を有するものとする。

17.1.7.2 床の裏側の部分又は直下の天井

1. 床の裏側の部分又は直下の天井の防火被覆は、次のいずれかとする。
   イ. ☐厚さ15mm以上の強化せっこうボード張り
   ロ. ☐厚さ12mm以上の強化せっこうボード張りとし、その裏側に厚さ50mm以
      上のロックウール（かさ比重0.024以上）又は厚さ50mm以上のグラスウール（か
      さ比重0.024以上）のいずれかを充填
2. 1に掲げる材料の品質は、JISに適合するもの、又はこれと同等以上の性能を有する

ものとする。
　3. 防火被覆材の取付け方法は、次による。
　　　　イ. 防火被覆材は、根太、野縁等の横架材に、長さ40mm以上のGNFくぎ、木ね
　　　　　　じ、ステープル、タッピンねじ又はこれらに類する留め金具で確実に留め付け
　　　　　　る。ただし、被覆材を2枚重ねて張る場合は、2枚目に張る防火被覆材は、1枚
　　　　　　目の防火被覆材と目地が重ならないように割付け、長さ50mm以上の留め金具
　　　　　　で留め付ける。
　　　　ロ. 留め金具の間隔は、防火被覆材の周辺部は100mm以下、中間部は150mm以
　　　　　　下とする。
　　　　ハ. 防火被覆材の目地部分及び取合い部分は、その裏面に当て木を設ける。なお、
　　　　　　根太、野縁等の横架材をもって当て木にかえることができる。
　　　　ニ. 当て木の断面寸法は、30mm×40mmを標準とする。

17.1.8 界床
　　　重ね建ての住戸間の界床の仕様は、次による。

17.1.8.1 床の表側の部分
　1. 床の表側の部分の防火被覆は、次のいずれかとする。
　　　　イ. □畳敷きの床（ポリスチレンフォームの畳床を除く。）
　　　　ロ. □厚さ12mm以上の構造用合板、構造用パネル、パーティクルボード又はデッ
　　　　　　キプレート（以下「合板等」という。）の上に、厚さ12mm以上のせっこうボード
　　　　　　張り
　　　　ハ. □厚さ12mm以上の合板等の上に、厚さ12mm以上の硬質木片セメント板張り
　　　　ニ. □厚さ12mm以上の合板等の上に、厚さ12mm以上の軽量気泡コンクリート
　　　　　　板張り
　　　　ホ. □厚さ12mm以上の合板等の上に、厚さ12mm以上のモルタル、コンクリー
　　　　　　ト（軽量コンクリート及びシングーコンクリートを含む。）敷き流し
　　　　ヘ. □厚さ12mm以上の合板等の上に、厚さ12mm以上のせっこう敷き流し
　　　　ト. □厚さ40mm以上の木材（木材で造られた荒床の厚さを含む。）
　2. 1に掲げる材料の品質は、JIS又はJASに適合するもの、若しくはこれらと同等以上
　　　の性能を有するものとする。

17.1.8.2 床の裏側の部分又は直下の天井
　1. 床の裏側の部分又は直下の天井の防火被覆は、次のいずれかとする。
　　　　イ. □厚さ12mm以上のせっこうボードの上に、厚さ12mm以上のせっこうボー
　　　　　　ド張りとし、その裏側に厚さ50mm以上のロックウール（かさ比重0.024以上）
　　　　　　又は厚さ50mm以上のグラスウール（かさ比重0.024以上）のいずれかを充填
　　　　ロ. □厚さ12mm以上の強化せっこうボードの上に、厚さ12mm以上の強化せっ
　　　　　　こうボード張り
　　　　ハ. □厚さ15mm以上の強化せっこうボードの裏側に、厚さ50mm以上のロッ
　　　　　　クウール（かさ比重0.024以上）又は厚さ50mm以上のグラスウール（かさ比重
　　　　　　0.024以上）のいずれかを充填
　　　　ニ. □厚さ12mm以上の強化せっこうボードの上に、厚さ9mm以上のロックウー
　　　　　　ル吸音板張り
　2. 1に掲げる材料の品質は、JISに適合するもの、又はこれと同等以上の性能を有する
　　　ものとする。
　3. 防火被覆材の取付け方法は、本章17.1.7.2（床の裏側の部分又は直下の天井）の3に
　　　よる。

17.1.9 はり
　1. はりの防火被覆は、本章17.1.7.2（床の裏側の部分又は直下の天井）に準ずる。ただし、
　　　本章17.1.7（界床以外の床（最下階の床を除く））に掲げる防火被覆を設けた床の内部

にあるものについては、これによらないことができる。

2. 前号に掲げる防火被覆を行わない場合は、次による。
    イ. 令第46条第2項第1号イ及びロに掲げる基準に適合するものとする。
    ロ. 昭和62年建設省告示第1902号（第2号の規定については、2.5cmを3.5cmと読み替えて適用する。）に基づき、通常の火災により建築物全体が容易に倒壊するおそれのない構造とする。この場合において、はりを接合する部分は、昭和62年建設省告示第1901号（第1号の規定については、2.5cmを3.5cmと読み替えて適用する。）に適合する構造とする。

17.1.10 屋根・軒裏

1. 屋根（軒裏を除く。）の表側の部分は不燃材料で造り又はふき、屋根の裏側の部分又は屋根の直下の天井の防火被覆は、次のいずれかとする。
    イ. ☐ 厚さ12mm以上の強化せっこうボード張り
    ロ. ☐ 厚さ9mm以上のせっこうボード2枚張り
    ハ. ☐ 厚さ12mm以上のせっこうボード張りとし、その裏側に厚さ50mm以上のロックウール（かさ比重0.024以上）又は厚さ50mm以上のグラスウール（かさ比重0.024以上）のいずれかを充填
    ニ. ☐ 厚さ12mm以上の硬質木片セメント板張り
    ホ. ☐ 厚さ20mm以上の鉄網モルタル塗り
    ヘ. ☐ 繊維混入けい酸カルシウム板を2枚以上張ったもので、その厚さの合計が16mm以上のもの
    ト. ☐ 本章17.1.2.2（外壁の耐力壁の屋外に面する部分）の1に掲げる防火被覆材

2. 軒裏（外壁によって小屋裏又は天井裏と防火上有効に遮られているものを除く。）の防火被覆は、次のいずれかとする。
    イ. ☐ 厚さ12mm以上の硬質木片セメント板張り
    ロ. ☐ 厚さ20mm以上の鉄網モルタル塗り
    ハ. ☐ 繊維混入けい酸カルシウム板を2枚以上張ったもので、その厚さの合計が16mm以上のもの
    ニ. ☐ 本章17.1.2.2（外壁の耐力壁の屋外に面する部分）の1に掲げる防火被覆材

3. 1及び2に掲げる材料の品質は、JISに適合するもの、又はこれと同等以上の性能を有するものとする。

4. 防火被覆材の取付け方法は、次による。
    イ. 防火被覆材は、たる木、根太、野縁等の横架材に、長さ40mm以上のGNFくぎ、木ねじ、ステープル、タッピンねじ又はこれらに類する留め金具で確実に留め付ける。ただし、被覆材を2枚重ねて張る場合は、2枚目に張る防火被覆材は、1枚目の防火被覆材と目地が重ならないように割付け、長さ50mm以上の留め金具で留め付ける。
    ロ. 留め金具の間隔は、防火被覆材の周辺部は100mm以下、中間部は150mm以下とする。
    ハ. 防火被覆材の目地部分及び取合い部分は、その裏面に当て木を設ける。なお、たる木、根太、野縁等の横架材をもって当て木にかえることができる。
    ニ. 当て木の断面寸法は、30mm×40mmを標準とする。

17.1.11 階段

階段を木材で造る場合は、段板及び段板を支えるけたは、次のいずれかとする。
    イ. ☐ 厚さ6cm以上とする。
    ロ. ☐ 厚さ3.5cm以上とし、段板の裏側を本章17.1.10（屋根・軒裏）の1のイからニ又はトの被覆材により被覆し、かつ、ささら桁の外側を本章17.1.3.1（外壁の非耐力壁の室内に面する部分）（屋外側の場合は、本章17.1.2.2（外壁の耐力壁の屋外に面する部分））の1の被覆材により被覆する。

ハ. □段板の裏側を本章17.1.7.2（床の裏側の部分又は直下の天井）の1の被覆材により被覆し、かつ、ささら桁の外側を本章17.1.4（界壁以外の内壁）（屋外側の場合は、本章17.1.2.2（外壁の耐力壁の屋外に面する部分））の1の被覆材により被覆する。

17.1.12 その他の措置

17.1.12.1 壁内部の措置

耐火構造以外の主要構造部である壁については、防火被覆の内部での火災伝播を有効に防止するため、次のいずれか又はこれらと同等以上のファイヤーストップ材を3m以内ごとに設ける。ただし、軒げた、はり、胴差し等の横架材がファイヤーストップ材としての機能を果たしている場合は、この限りでない。

イ. □幅が柱等と同寸法以上、せいが3.5cm以上の木材
ロ. □厚さ12mm以上のせっこうボード
ハ. □厚さ8mm以上のスラグせっこう系セメント板
ニ. □厚さ50mm以上のロックウール（かさ比重0.024以上）
ホ. □厚さ50mm以上のグラスウール（かさ比重0.024以上）

17.1.12.2 壁と床等の接合部の措置

耐火構造以外の主要構造部である壁と床及び屋根の接合部、階段と床の接合部に、防火被覆の内部での火災伝播を有効に防止するために、ファイヤーストップ材を設ける。なお、ファイヤーストップ材の種類は、本章17.1.12.1（壁内部の措置）による。

17.1.12.3 照明器具等の周辺の措置

防火被覆を施した壁、床又は天井に設ける照明器具、天井換気孔、コンセントボックス、スイッチボックスその他これらに類するものの周辺部には、防火上支障のない措置を講じる。

17.1.12.4 外壁の開口部

外壁の開口部に設ける建具は、特記による。

17.2 1時間準耐火構造の住宅の仕様

17.2.1 一般事項

1. 1時間準耐火構造の住宅の防火性能は、この項による。ただし、主要構造部の各部分を耐火構造（建築基準法施行令（以下「令」という。）第107条に規定する耐火性能を有する構造をいう。）又は国土交通大臣の1時間準耐火構造の認定（令第112条第2項の規定に基づく認定をいう。）を受けたものとする場合は、この項によらず特記による。
2. 層間変形角が1/150以内であることを確認することとする。ただし、計算又は実験により、主要構造部が防火上有害な変形、き裂その他の損傷を生じないことが確認されている場合においては、この限りでない。

17.2.2 外壁の耐力壁

17.2.2.1 外壁の耐力壁の室内に面する部分

1. 外壁の耐力壁の室内に面する部分の防火被覆は、次のいずれかとする。
   イ. □厚さ12mm以上のせっこうボード（強化せっこうボードを含む。以下同じ。）の上に、厚さ12mm以上のせっこうボード張り
   ロ. □厚さ8mm以上のスラグせっこう系セメント板の上に、厚さ12mm以上のせっこうボード張り
   ハ. □厚さ16mm以上の強化せっこうボード張り
   ニ. □厚さ9mm以上の難燃合板の上に、厚さ12mm以上の強化せっこうボード張り
   ホ. □厚さ9mm以上のせっこうボードの上に、厚さ12mm以上の強化せっこうボード張り

　　　ヘ. □厚さ12mm以上の強化せっこうボードの上に、厚さ9mm以上の難燃合板張り

　　　ト. □厚さ12mm以上の強化せっこうボードの上に、厚さ9mm以上のせっこうボード張り

　2. 1に掲げる材料の品質は、JIS又はJASに適合するもの、若しくはこれらと同等以上の性能を有するものとする。

　3. 防火被覆材の取付け方法は、本章17.1.2.1（外壁の耐力壁の室内に面する部分）の3による。

17.2.2.2 外壁の耐力壁の屋外に面する部分

　1. 外壁の耐力壁の屋外に面する部分の防火被覆は、次のいずれかによる。

　　　イ. □厚さ18mm以上の硬質木片セメント板張り

　　　ロ. □厚さ20mm以上の鉄網モルタル塗り

　2. 1に掲げる材料の品質は、JISに適合するもの、又はこれと同等以上の性能を有するものとする。

　3. 防火被覆材の取付け方法は、本章17.1.2.2（外壁の耐力壁の屋外に面する部分）の3による。

17.2.3 外壁の非耐力壁

17.2.3.1 外壁の非耐力壁の室内に面する部分

　1. 外壁の非耐力壁の室内に面する部分の防火被覆は、本章17.1.3.1（外壁の非耐力壁の室内に面する部分）の1（ただし書きを除く。）による。ただし、延焼のおそれのある部分については、本章17.2.2.1（外壁の耐力壁の室内に面する部分）の1による。

　2. 1に掲げる材料の品質は、JISに適合するもの、又はこれと同等以上の性能を有するものとする。

　3. 防火被覆材の取付け方法は、本章17.1.2.1（外壁の耐力壁の室内に面する部分）の3による。

17.2.3.2 外壁の非耐力壁の屋外に面する部分

　1. 外壁の非耐力壁の屋外に面する部分の防火被覆は、本章17.1.2.2（外壁の耐力壁の屋外に面する部分）の1による。ただし、延焼のおそれのある部分については、次のいずれかによる。

　　　イ. □厚さ18mm以上の硬質木片セメント板張り

　　　ロ. □厚さ20mm以上の鉄網モルタル塗り

　2. 1に掲げる材料の品質は、JISに適合するもの、又はこれと同等以上の性能を有するものとする。

　3. 防火被覆材の取付け方法は、本章17.1.2.2（外壁の耐力壁の屋外に面する部分）の3による。

17.2.4 界壁以外の内壁

　1. 界壁以外の内壁の室内に面する部分の防火被覆は、次のいずれかとする。

　　　イ. □厚さ12mm以上のせっこうボード（強化せっこうボードを含む。以下同じ。）の上に、厚さ12mm以上のせっこうボード張り

　　　ロ. □厚さ8mm以上のスラグせっこう系セメント板の上に、厚さ12mm以上のせっこうボード張り

　　　ハ. □厚さ16mm以上の強化せっこうボード張り

　　　ニ. □厚さ9mm以上の難燃合板の上に、厚さ12mm以上の強化せっこうボード張り

　　　ホ. □厚さ9mm以上のせっこうボードの上に、厚さ12mm以上の強化せっこうボード張り

　　　ヘ. □厚さ12mm以上の強化せっこうボードの上に、厚さ9mm以上の難燃合板張り

ト．□厚さ12mm以上の強化せっこうボードの上に、厚さ9mm以上のせっこうボード張り

　2．1に掲げる材料の品質は、JIS又はJASに適合するもの、若しくはこれらと同等以上の性能を有するものとする。

　3．防火被覆材の取付け方法は、本章17.1.2.1（外壁の耐力壁の室内に面する部分）の3による。

17.2.5 界壁

　連続建ての住戸間の界壁の仕様は、本章17.1.5（界壁）による。

17.2.6 柱

　1．柱の防火被覆は、本章17.2.4（界壁以外の内壁）に準ずる。ただし、本章17.2.2（外壁の耐力壁）又は本章17.2.4（界壁以外の内壁）に掲げる防火被覆を設けた壁の内部にあるものについては、これによらないことができる。

　2．前号に掲げる防火被覆を行わない場合は、次による。

　　イ．令第46条第2項第1号イ及びロに掲げる基準に適合するものとする。

　　ロ．昭和62年建設省告示第1902号（第2号の規定については、2.5cmを4.5cmと読み替えて適用する。）に基づき、通常の火災により建築物全体が容易に倒壊するおそれのない構造とする。この場合において、柱を接合する部分は、昭和62年建設省告示第1901号（第1号の規定については、2.5cmを4.5cmと読み替えて適用する。）に適合する構造とする。

17.2.7 界床以外の床（最下階の床を除く）

17.2.7.1 床の表側の部分

　1．床の表側の部分の防火被覆は、次のいずれかとする。

　　イ．□畳敷きの床（ポリスチレンフォームの畳床を除く。）

　　ロ．□厚さ12mm以上の構造用合板、構造用パネル、パーティクルボード又はデッキプレート（以下「合板等」という。）の上に、厚さ12mm以上のせっこうボード張り

　　ハ．□厚さ12mm以上の合板等の上に、厚さ12mm以上の硬質木片セメント板張り

　　ニ．□厚さ12mm以上の合板等の上に、厚さ12mm以上の軽量気泡コンクリート板張り

　　ホ．□厚さ12mm以上の合板等の上に、厚さ12mm以上のモルタル、コンクリート（軽量コンクリート及びシンダーコンクリートを含む。）敷き流し

　　ヘ．□厚さ12mm以上の合板等の上に、厚さ12mm以上のせっこう敷き流し

　　ト．□厚さ40mm以上の木材（木材で造られた荒床の厚さを含む。）

　2．1に掲げる材料の品質は、JIS又はJASに適合するもの、若しくはこれらと同等以上の性能を有するものとする。

17.2.7.2 床の裏側の部分又は直下の天井

　1．床の裏側の部分又は直下の天井の防火被覆は、次のいずれかとする。

　　イ．□厚さ12mm以上のせっこうボードの上に、厚さ12mm以上のせっこうボード張りとし、その裏側に厚さ50mm以上のロックウール（かさ比重0.024以上）又は厚さ50mm以上のグラスウール（かさ比重0.024以上）のいずれかを充填

　　ロ．□厚さ12mm以上の強化せっこうボードの上に、厚さ12mm以上の強化せっこうボード張り

　　ハ．□厚さ15mm以上の強化せっこうボードの裏側に、厚さ50mm以上のロックウール（かさ比重0.024以上）又は厚さ50mm以上のグラスウール（かさ比重0.024以上）のいずれかを充填

　　ニ．□厚さ12mm以上の強化せっこうボードの上に、厚さ9mm以上のロックウー

ル吸音板張り

2. 1に掲げる材料の品質は、JISに適合するもの、又はこれと同等以上の性能を有するものとする。

3. 防火被覆材の取付け方法は、次による。

 イ．防火被覆材は、根太、野縁等の横架材に、長さ40mm以上のGNFくぎ、木ねじ、ステープル、タッピンねじ又はこれらに類する留め金具で確実に留め付ける。ただし、被覆材を2枚重ねて張る場合は、2枚目に張る防火被覆材は、1枚目の防火被覆材と目地が重ならないように割付け、長さ50mm以上の留め金具で留め付ける。

 ロ．留め金具の間隔は、防火被覆材の周辺部は100mm以下、中間部は150mm以下とする。

 ハ．防火被覆材の目地部分及び取合い部分は、その裏面に当て木を設ける。なお、根太、野縁等の横架材をもって当て木にかえることができる。

 ニ．当て木の断面寸法は、30mm×40mmを標準とする。

17.2.8 界床

重ね建ての住戸間の界床の仕様は、本章17.2.7（界床以外の床（最下階の床を除く））による。

17.2.9 はり

1. はりの防火被覆は、本章17.2.7.2（床の裏側の部分又は直下の天井）に準ずる。ただし、本章17.2.7（界床以外の床（最下階の床を除く））に掲げる防火被覆を設けた床の内部にあるものについては、これらによらないことができる。

2. 前号に掲げる防火被覆を行わない場合は、次による。

 イ．令第46条第2項第1号イ及びロに掲げる基準に適合するものとする。

 ロ．昭和62年建設省告示第1902号（第2号の規定については、2.5cmを4.5cmと読み替えて適用する。）に基づき、通常の火災により建築物全体が容易に倒壊するおそれのない構造とする。この場合において、はりを接合する部分は、昭和62年建設省告示第1901号（第1号の規定については、2.5cmを4.5cmと読み替えて適用する。）に適合する構造とする。

17.2.10 屋根・軒裏

1. 屋根（軒裏を除く。）の表側の部分は不燃材料で造り又はふき、屋根の裏側の部分又は屋根の直下の天井の防火被覆は、次のいずれかとする。

 イ．□厚さ12mm以上の強化せっこうボード張り

 ロ．□厚さ9mm以上のせっこうボード2枚張り

 ハ．□厚さ12mm以上のせっこうボード張りとし、その裏側に厚さ50mm以上のロックウール（かさ比重0.024以上）又は厚さ50mm以上のグラスウール（かさ比重0.024以上）のいずれかを充填

 ニ．□厚さ12mm以上の硬質木片セメント板張り

 ホ．□厚さ20mm以上の鉄網モルタル塗り

 ヘ．□繊維混入けい酸カルシウム板を2枚以上張ったもので、その厚さの合計が16mm以上のもの

 ト．□本章17.1.2.2（外壁の耐力壁の屋外に面する部分）の1に掲げる防火被覆材

2. 延焼のおそれのある部分にある軒裏（外壁によって小屋裏又は天井裏と防火上有効に遮られている軒裏を除く。）の防火被覆は、次のいずれかとする。

 イ．□厚さ15mm以上の強化せっこうボードの上に金属板を張ったもの

 ロ．□厚さ18mm以上の硬質木片セメント板張り

 ハ．□厚さ20mm以上の鉄網モルタル塗り

 ニ．□繊維混入けい酸カルシウム板を2枚以上張ったもので、その厚さの合計が

　　　　16mm以上のもの
3. 軒裏（延焼のおそれのある部分にある軒裏及び外壁によって小屋裏又は天井裏と防火上有効に遮られている軒裏を除く。）の防火被覆は、次のいずれかとする。
　　イ．□厚さ12mm以上の硬質木片セメント板張り
　　ロ．□厚さ20mm以上の鉄網モルタル塗り
　　ハ．□繊維混入けい酸カルシウム板を2枚以上張ったもので、その厚さの合計が16mm以上のもの
　　ニ．□本章17.1.2.2（外壁の耐力壁の屋外に面する部分）の1に掲げる防火被覆材
4. 1から3に掲げる材料の品質は、JISに適合するもの、又はこれと同等以上の性能を有するものとする。
5. 防火被覆材の取付け方法は、次による。
　　イ．防火被覆材は、たる木、根太、野縁等の横架材に、長さ40mm以上のGNFくぎ、木ねじ、ステープル、タッピンねじ又はこれらに類する留め金具で確実に留め付ける。ただし、被覆材を2枚重ねて張る場合は、2枚目に張る防火被覆材は、1枚目の防火被覆材と目地が重ならないように割付け、長さ50mm以上の留め金具で留め付ける。
　　ロ．留め金具の間隔は、防火被覆材の周辺部は100mm以下、中間部は150mm以下とする。
　　ハ．防火被覆材の目地部分及び取合い部分は、その裏面に当て木を設ける。なお、たる木、根太、野縁等の横架材をもって当て木にかえることができる。
　　ニ．当て木の断面寸法は、30mm×40mmを標準とする。

17.2.11 階段
　　階段を木材で造る場合は、段板及び段板を支えるけたは、本章17.1.11（階段）による。

17.2.12 その他の措置
17.2.12.1 壁内部の措置
　　耐火構造以外の壁の内部の措置は、本章17.1.12.1（壁内部の措置）による。
17.2.12.2 壁と床等の接合部の措置
　　耐火構造以外の主要構造部である壁と床及び屋根の接合部、並びに階段と床の接合部の防火措置は、本章17.1.12.2（壁と床等の接合部の措置）による。
17.2.12.3 照明器具等の周辺の措置
　　防火被覆を施した壁、床又は天井に設ける照明器具、天井換気孔、コンセントボックス、スイッチボックスその他これらに類するものの周辺部の措置は、本章17.1.12.3（照明器具等の周辺の措置）による。
17.2.12.4 外壁の開口部
　　外壁の開口部に設ける建具は、特記による。

18.省令準耐火構造の住宅の仕様

18.1 一般事項

1. 省令準耐火構造の住宅の仕様は、この項による。
2. 本項のアンダーライン「_____」の部分は、省令準耐火構造の住宅の基準であるため、当該部分の材料又は仕様以外とする場合は、住宅金融支援機構の認めたものとする。
3. 本項は、すべての構造耐力上主要な部分の軸組材に、製材、集成材又は単板積層材を用いた住宅に適用する。ただし、18.12（その他）の6による鉄筋コンクリート造としたものについては、この限りではない。

18.2 屋根、外壁及び軒裏

1. 屋根は、次のいずれかとする。
   - イ. ☐不燃材料（建築基準法第2条第9号に規定する不燃材料をいう。）で造るか、又はふく。
   - ロ. ☐準耐火構造（屋外に面する部分を準不燃材料で造ったものに限る。）とする。
   - ハ. ☐耐火構造（屋外に面する部分を準不燃材料で造ったもので、かつ、その勾配が水平面から30°以内のものに限る。）の屋外面に断熱材（ポリエチレンフォーム、ポリスチレンフォーム、硬質ポリウレタンフォームその他これらに類する材料を用いたもので、その厚さの合計が50mm以下のものに限る。）及び防水材（アスファルト防水工法、改質アスファルトシート防水工法、塩化ビニル樹脂系シート防水工法、ゴム系シート防水工法又は塗膜防水工法を用いたものに限る。）を張ったものとする。
   - ニ. ☐前各号に定めるもの以外の仕様とする場合は、建築基準法施行令第136条の2の2第1号及び第2号の規定に適合するものとして、国土交通大臣が認めるものとする。
2. 外壁及び軒裏は、次のいずれかとする。
   - イ. ☐鉄網モルタル塗りで、塗厚を20mm以上とする。
   - ロ. ☐木毛セメント板張り又はせっこうボード張りの上に、厚さ15mm以上モルタルを塗る。
   - ハ. ☐モルタル塗りの上にタイルを張り、その厚さの合計を25mm以上とする。
   - ニ. ☐セメント板張り又はかわら張りの上にモルタルを塗り、その厚さの合計を25mm以上とする。
   - ホ. ☐イからニに掲げるもの以外の防火構造（建築基準法第2条第8号に規定する構造をいう。以下同じ。）とする。
   - ヘ. ☐前各号に定めるもの以外の仕様による場合は、建築基準法第2条第8号の規定に基づき国土交通大臣が認めるものとする。
3. 2に掲げる材料の品質は、JISに適合するもの、又はこれと同等以上の性能を有するものとする。

18.3 界壁以外の部分の内壁

1. 外壁の室内に面する部分の防火被覆又は構造は、次のいずれかによる。ただし、外壁を防火構造の認定を受けたものとする場合は、2のロ又はハとすることができる。また、防火被覆材の取付け方法は、本章18.7（壁張り）による。
   - イ. ☐厚さ12mm以上のせっこうボード張り
   - ロ. ☐厚さ9.5mm以上のせっこうボード2枚張り
   - ハ. ☐防火構造
2. 1以外の室内に面する壁の防火被覆又は構造は、次のいずれかによる。防火被覆材の取付け方法は、本章18.7（壁張り）による。
   - イ. ☐厚さ12mm以上のせっこうボード張り

ロ．□厚さ9mm以上のせっこうボード2枚張り

ハ．□厚さ7mm以上のせっこうラスボード張りの上に、厚さ8mm以上のプラスター塗り

ニ．□防火構造

3. 柱及び間柱と1及び2の防火被覆材の間に面材（「補助面材」という。以下同じ。）を設ける場合は、次のいずれかとし、その厚さは9mm以上とする。

イ．□構造用合板

ロ．□構造用パネル

ハ．□ミディアムデンシティファイバーボード又はハードファイバーボード

ニ．□パーティクルボード

ホ．□木質系セメント板で、不燃材料又は準不燃材料であるもの

ヘ．□パルプセメント板で、不燃材料又は準不燃材料であるもの

ト．□繊維強化セメント板で、不燃材料又は準不燃材料であるもの（ただしスレートの波板を除く。）

チ．□火山性ガラス質複層板で、不燃材料又は準不燃材料であるもの

リ．□せっこうボード製品で、不燃材料又は準不燃材料であるもの

4. 1、2及び3に掲げる材料の品質は、JIS又はJASに適合するもの、若しくはこれと同等以上の性能を有するものとする。

18.4 界床以外の部分の天井

18.4.1 上階に床がない部分の天井

1. 室内に面する天井の防火被覆は、次のいずれかとする。防火被覆材の取付け方法は、本章18.8（天井張り）による。

イ．□厚さ12mm以上のせっこうボード張り

ロ．□厚さ9mm以上のせっこうボード2枚張り

ハ．□厚さ9mm以上のせっこうボード張りの上に、厚さ9mm以上のロックウール化粧吸音板張り

2. 1に掲げる材料の品質は、JISに適合するもの、又はこれと同等以上の性能を有するものとする。

18.4.2 上階に床がある部分の天井

1. 室内に面する天井の防火被覆及びその取付け方法は、次のいずれかとする。

イ．□防火被覆2枚張りの場合

防火被覆は、次のいずれかとする。防火被覆材の取付け方法は、本章18.8（天井張り）による。

（イ）□厚さ9mm以上のせっこうボード2枚張り

（ロ）□厚さ9mm以上のせっこうボード張りの上に、厚さ9mm以上のロックウール化粧吸音板張り

ロ．□天井の防火被覆の耐火性能を強化する場合

防火被覆は、厚さ12mm以上の強化せっこうボードとする。防火被覆材の取付け方法は、本章18.8（天井張り）による。

2. 1に掲げる材料の品質は、JISに適合するもの、又はこれと同等以上の性能を有するものとする。

18.4.3 天井の防火被覆材の下地

室内に面する天井の防火被覆材の下地は、木製又は鋼製とし、次による。

1. □木製下地とする場合は、次の各号によるものとする。

イ．野縁は30mm×38mm以上又は35mm×35mm以上の木材とし、340mm以下の間隔で野縁受けに取り付ける。

ロ．野縁受けは30mm×38mm以上又は35mm×35mm以上の木材とし、1m以

　　　下の間隔で吊り木に取り付ける。
　　ハ．吊り木は30mm×38mm以上又は35mm×35mm以上の木材とし、1m以下の
　　　間隔で吊り木受け又ははりに取り付ける。
2. □鋼製下地とする場合は、次の各号によるものとする。
　　イ．野縁は、原材料が溶融亜鉛めっき鋼板（JISに規定するもので、両面等厚めっき
　　　の最小付着量表示記号Z12以上のもの）又はガルバリウム鋼板（JISに規定する
　　　もので、両面等厚めっきの最小付着量表示記号AZ120以上のもの）の角形鋼で、
　　　幅及び高さがともに40mm以上、厚さが0.4mm以上のものとし、340mm以下
　　　の間隔で野縁受けに取り付ける。
　　ロ．野縁受けの断面寸法は、 ⊏－30×30×1.6又は ⊏－12×38×0.9とし、野縁のた
　　　わみが野縁受けの設置間隔の1/750以下となるよう取り付ける。
　　ハ．吊りボルト及び吊り金具の間隔は、1.5m以下とする。
3. □本章18.4.2（上階に床がある部分の天井）の1のロにより、天井の防火被覆材を1
　　枚張りとする場合は、防火被覆材の裏面に、次のいずれかの措置を講ずる。
　　イ．□厚さ50mm以上のロックウール（かさ比重0.024以上）、厚さ50mm以上のグ
　　　ラスウール（かさ比重0.024以上）、又は厚さ100mm以上のグラスウール（かさ
　　　比重0.01以上）のいずれかを充填する。
　　ロ．□天井の防火被覆材の目地部分には、野縁、野縁受け又は当て木を設ける。当
　　　て木は、30mm×38mm以上若しくは35mm×35mm以上の木材若しくは鋼材、
　　　又は厚さ0.4mm×幅90mm以上の鋼板とする。

18.5 界壁

連続建ての住戸間の界壁の仕様は次によるか、若しくは1時間準耐火構造の界壁とし、
小屋裏又は天井裏まで達せしめる。
1. 界壁の厚さ（仕上げ材料の厚さを含まないものとする。）を100mm以上とする。
2. 界壁の内部に厚さが25mm以上のグラスウール（かさ比重0.02以上）又は厚さが25
　mm以上のロックウール（かさ比重0.04以上）のいずれかを充填する。
3. 界壁の両面は、厚さが12mm以上のせっこうボードを2枚張りとする。
4. せっこうボードの留付けは、本章17.1.2.1（外壁の耐力壁の室内に面する部分）の3に
　よる。

18.6 界床

重ね建ての住戸間の界床の防火被覆及び構造は、本章17.2.7（界床以外の床（最下階の
床を除く））による。

18.7 壁張り

18.7.1 1枚張り

界壁以外の部分の室内に面する壁の防火被覆材を、1枚張りとする場合の下地及び留付
けは、次による。
1. 防火被覆材は柱、間柱その他の垂直部材及び土台、はり、胴差しその他の横架材に、
　GNF40、長さ40mm以上のステープル、長さ28mm以上の木ねじ、タッピンねじ
　又はこれらと同等以上の品質及び寸法の留め金具で確実に留め付ける。ただし、国
　土交通大臣の認定を受けた耐力壁の場合の留付けに用いるくぎ等及び留付け方法は、
　特記による。
2. 留め金具の間隔は、防火被覆材の外周部及び中間部ともに150mm以下とする。ただ
　し、本章18.7.1（1枚張り）の4により柱又は間柱を切り欠くことで留付けができない
　部分が生じる場合には、省略分を近傍に増し打ちする。
3. 防火被覆材は、目地部分及び取合い部分の裏面に当て木を設け留め付ける。当て木
　は間柱その他の構造材のうち、当て木の断面寸法以上のものをもってかえることが
　できる。なお、天井の防火被覆材の下地を鋼製下地とする場合には、天井と壁の取

合い部に設ける鋼製ランナーを当て木とすることができる。

4. 柱及び間柱の間隔は500mm以下とし、間柱の断面寸法は30mm×105mm以上とする。やむを得ず、構造器具又は設備器具の設置により、柱又は間柱を切り欠く場合は、本項18.12(その他)の3のロに規定する断熱材により防火上支障のないよう処理する。

5. 当て木の断面寸法は、次による。
　　イ．防火被覆材の目地部分に設ける場合は、45mm×105mm以上とする。
　　ロ．床又は天井と壁の取合い部、壁と壁との取合い部に設ける場合は、次による。
　　　　（イ）木材及び角形鋼の場合は、30mm×38mm以上又は35mm×35mm以上とする。
　　　　（ロ）天井と壁の取合い部に設ける鋼製ランナーの場合は、防火被覆材と接する部分が高さ40mm以上、幅30mm以上とする。

6. 補助面材が設けられている部分については、補助面材の当て木又は間柱に接する部分を、当て木又は間柱の断面寸法に含まれるものとみなすことができる。

18.7.2　2枚張り

界壁以外の部分の室内に面する壁の防火被覆材を、2枚張りとする場合の下地及び留付けは、次による。

1. 防火被覆材は柱、間柱その他の垂直部材及び土台、はり、胴差しその他の横架材に、1枚目に張る防火被覆材（以下「1枚目ボード」という。）においては、GNF40、長さ40mm以上のステープル、長さ28mm以上の木ねじ、タッピンねじ又はこれらに類する留め金具で、2枚目に張る防火被覆材（以下「2枚目ボード」という。）においては、GNF50、長さ50mm以上のステープル、長さ40mm以上の木ねじ、タッピンねじ又はこれらと同等以上の品質及び寸法の留め金具で確実に留め付ける。

2. 留め金具の間隔は、1枚目ボードの外周部及び中間部はともに150mm以下、2枚目ボードの外周部及び中間部はともに200mm以下とする。ただし、本章18.7.2（2枚張り）の4により柱又は間柱を切り欠くことで留付けができない部分が生じる場合には、省略分を近傍に増し打ちする。

3. 防火被覆材は、壁の外周部を除き、1枚目と2枚目ボードの目地が一致しないように配置する。やむを得ず目地が一致する場合は、当該部分の裏面に当て木を設ける。なお、間柱その他の構造材をもって当て木にかえることができる。

4. 柱、間柱の間隔及び間柱の断面寸法は、本章18.7.1（1枚張り）の4による。

5. 当て木の断面寸法は、本章18.7.1（1枚張り）の5による。

6. 補助面材を設ける場合は、本章18.7.1（1枚張り）の6による。

18.7.3　界壁部留付け

界壁の部分の防火被覆材の留付けは、次による。

1. 防火被覆材は柱、間柱その他の垂直部材及び土台、はり、胴差しその他の横架材に、GNF40、長さ40mm以上の木ねじ、ステープル、タッピンねじ又はこれらと同等以上の品質及び寸法の留め金具で確実に留め付ける。ただし、2枚目に張るせっこうボードは、長さ50mm以上の留め金具で留め付ける。

2. 留め金具の間隔は、外周部は150mm以下、中間部は200mm以下とする。

3. 防火被覆材は、壁の外周部を除き1枚目と2枚目のボードの目地が一致しないように配置する。やむを得ず目地が一致する場合は、当該部分の裏面に当て木を設ける。なお、間柱その他の構造材をもって当て木にかえることができる。

4. 当て木の断面寸法は、30mm×38mm以上又は35mm×35mm以上とする。

18.8　天井張り

18.8.1　1枚張り

界床以外の部分の室内に面する天井の防火被覆材を、1枚張りとする場合の留付けは、

次の各号に適合するものとする。
1. 防火被覆材は根太、野縁等に、GNF40、長さ40mm以上のステープル、長さ28mm以上の木ねじ、タッピンねじ又はこれらと同等以上の品質及び寸法の留め金具で確実に留め付ける。
2. 留め金具の間隔は、外周部は150mm以下、中間部は200mm以下とする。

18.8.2　2枚張り

界床以外の部分の室内に面する天井の防火被覆材を、2枚張りとする場合の留付けは、次による。
1. 防火被覆材は根太、野縁等に、1枚目ボードにおいては、GNF40、長さ40mm以上のステープル、長さ28mm以上の木ねじ、タッピンねじ又はこれらと同等以上の品質及び寸法の留め金具で、2枚目ボードにおいては、GNF50、長さ50mm以上のステープル、長さ40mm以上の木ねじ、タッピンねじ又はこれらと同等以上の品質及び寸法の留め金具で確実に留め付ける。
2. 留め金具の間隔は、1枚目ボードの外周部及び中間部はともに300mm以下、2枚目ボードの外周部は150mm以下、中間部は200mm以下とする。
3. 上階に床がある部分の天井における防火被覆材は、天井の外周部を除き1枚目と2枚目ボードの目地が一致しないように配置する。 やむを得ず目地が一致する場合の当該部分の裏面の仕様は、本章18.4.3（天井の防火被覆材の下地）の3による。

18.9 柱

柱の防火被覆は、屋外に面する部分にあっては、本章18.2（屋根、外壁及び軒裏）の2に、室内に面する部分にあっては、本章18.3（界壁以外の部分の内壁）及び本章18.5（界壁）のいずれかに準じる。ただし、本章18.2（屋根、外壁及び軒裏）の2、本章18.3（界壁以外の部分の内壁）及び本章18.5（界壁）に掲げる防火被覆を設けた壁の内部にあるものについては、これによらないことができる。

18.10 はり

1. はりの防火被覆は、屋外に面する部分にあっては、本章18.2（屋根、外壁及び軒裏）の2に準じ、室内に面する部分にあっては、次のいずれかとする。ただし、本章18.2（屋根、外壁及び軒裏）の2、本章18.3（界壁以外の部分の内壁）から本章18.6（界床）に掲げる防火被覆を設けた壁及び天井の内部にあるものについては、これによらないことができる。
   イ. ☐厚さ9mm以上のせっこうボード2枚張り
   ロ. ☐厚さ12mm以上の強化せっこうボード張り
2. 本章18.8（天井張り）は、はりの防火被覆の留付けを、前項のイ又はロとした場合に準用する。この場合において、同項中「根太、野縁等」とあるのは、「はり、根太、野縁等」と読み替えるものとする。

18.11 下がり天井

下がり天井（設備機器の設置その他の必要から天井面の一部を下げた部分をいう。）を設ける場合の防火被覆及び天井構成は、当該室の天井と同一とする。

18.12 その他

1. 壁及び天井の防火被覆の目地は、防火上支障のないよう処理する。
2. 壁又は天井の防火被覆を貫通して設備器具を取り付ける場合にあっては、当該器具又は当該器具の裏面を、当該部分に空隙が生じないよう不燃材料又は準不燃材料で造り又はおおうものとする。
3. 床又は天井と壁との取合い部、壁と壁との取合い部及び天井内部における間仕切り壁と横架材との間には、火炎が相互に貫通しないようファイヤーストップ材を設け、

その材料は次のいずれかとする。ただし、上階に床が無い部分の天井の場合、天井内部における間仕切り壁と横架材との間のファイヤーストップ材を省略することができる。

イ．□厚さ30mm以上の木材
ロ．□厚さ50mm以上のロックウール（かさ比重0.024以上）、厚さ50mm以上のグラスウール（かさ比重0.024以上）、又は厚さ100mm以上のグラスウール（かさ比重0.01以上）
ハ．□厚さ12mm以上のせっこうボード

4. 壁又は天井の防火被覆を部分的に貫通して木材を取り付ける場合、当該木材の寸法は、防火被覆を貫通する方向に30mm以上とする。なお、貫通する木材と防火被覆との目地部分及び取合い部分には、当て木を設ける。この場合の当て木は、断面寸法30mm×38mm以上又は35mm×35mm以上の木材とすることができる。

5. 本章18.3（界壁以外の部分の内壁）及び本章18.12（その他）の3の適用にあたっては、連続した室の面積の合計が10m²以内となる場合においては、火気を使用する室が含まれる場合を除き、それらをまとめて1室として取り扱うことができるものとする。

6. 外壁、界壁、界壁以外の部分の内壁、界床、界床以外の部分の天井、柱及びはりのうち、鉄筋コンクリート造によるものについては、本章18.2（屋根、外壁及び軒裏）から本章18.6（界床）、本章18.9（柱）及び本章18.10（はり）の規定は適用しない。

19. 耐火構造の住宅の仕様

19.1 一般事項

耐火構造(建築基準法第2条第7号に該当する構造をいう。)の住宅の防火仕様は、耐火構造の構造方法を定める件(平成12年建設省告示第1399号)によるか、又は国土交通大臣の認定を受けたものとすることとし、特記による。

〔第Ⅲ章〕 フラット35S（金利Ｂプラン）工事仕様書

ニ. ☐床の防湿フィルム端部を床に取り付く部分の間仕切り壁下地材（乾燥木材に限る。）に、本章1-1.5.3（壁、床、天井（又は屋根）の施工）の3により留め付ける。

8. 屋根の直下の天井（又は屋根）と間仕切り壁の取合い部は、次のいずれかによる。

    イ. ☐屋根の直下の天井（又は屋根）の防湿フィルムを留め付けてから、間仕切り壁を取り付ける。この部分で防湿フィルムを継ぐ場合は、下地材のある部分で30mm以上重ね合わせる。

    ロ. ☐屋根の直下の天井（又は屋根）の間仕切り壁が取り付く部分に、先張りの防湿フィルムを張る。この場合、屋根の直下の天井の防湿フィルムは、先張りの防湿フィルムに下地材のある部分で、30mm以上重ね合わせる。

    ハ. ☐天井の防湿フィルム端部を、天井に取り付く部分の間仕切り壁下地材（乾燥木材に限る。）に、本章1-1.5.3（壁、床、天井（又は屋根）の施工）の3により留め付ける。

9. 下屋部分の床、天井、外壁の取合い部は、次による。

    イ. ☐その他の階の床と外壁の取合い部は、4による。

    ロ. ☐下屋部分の天井の防湿フィルムは、胴差しに留め付けた防湿フィルムと連続させるか、下地材のある部分で30mm以上重ね合わせる。

1-1.5.5 ボード状繊維系断熱材を用いた外張断熱工法による場合

ボード状繊維系断熱材を用いた、外張断熱工法による場合の防湿フィルムの施工は、次による。

    イ. 防湿フィルムは、縦横とも柱・間柱・下地材・たる木又は野地板などの外側（断熱材の内側）に施工し、その取合い部は下地材のある部分で30mm以上重ね合わせ、留め付ける。

    ロ. 防湿フィルムは屋根と外壁部、外壁部と床の取合い部、外壁の隅角部などの取合い部では、下地材のある部分で30mm以上重ね合わせ、留め付ける。

    ハ. 留付けはステープルを用い、継目部分は200～300mm程度の間隔に、たるみ、しわのないように張る。

1-1.5.6 基礎断熱部の取合い

基礎を断熱し、基礎部分を気密層とする場合には、土台と基礎の間に気密材又は気密補助材を施工すること等により、当該部分にすき間が生じないようにする。なお、基礎断熱とした場合は、最下階の床には気密層を施工しない。

1-1.5.7 細部の気密処理（1地域、2地域及び3地域において建設する場合）

1. 構造材が防湿フィルムを貫通する部分は、フィルムと構造材を気密テープ等で留め付ける。

2. 開口部等のまわりの施工は、次による。

    イ. 開口部まわりは、サッシ枠取付け部で結露が生じないよう、構造材や防湿フィルムとサッシ枠のすき間を気密補助材で処理する。

    ロ. 床下及び小屋裏等の点検口まわりは、防湿フィルムを点検口の枠材に、気密テープなどによって留め付ける。

    ハ. 断熱構造とする部分に用いる床下及び小屋裏点検口は、気密性の高い構造とする。

3. 設備配管まわりの施工は、次による。

    イ. 設備配管又は配線により外壁、天井、床の防湿フィルムが切れる部分は、貫通する外壁、天井、床のそれぞれの防湿フィルムを切り開き、切り開いた部分を留め代とし、設備配管又は配線に気密テープで留め付けるなど、気密層が連続するよう処理する。

    ロ. 電気配線のコンセント、スイッチボックスのまわりの施工は、次のいずれかとし、外壁、天井、床のそれぞれの防湿フィルムと気密テープで留め付ける。

    （イ）☐気密措置が講じられた専用のボックスを使用する。

（ロ）□コンセント、スイッチボックスのまわりを防湿フィルムでくるむ。

1-1.5.8 注意事項

1. 4地域、5地域、6地域、7地域及び8地域に建設する場合であっても、細部の気密処理の施工に十分注意する。
2. 燃焼系の暖房器具又は給湯機器を設置する場合には、密閉型又は屋外設置型の機器が設置できるように計画する。

1-1.6 気密工事（発泡プラスチック系断熱材を用いた外張断熱工法による場合）

1-1.6.1 一般事項

発泡プラスチック系断熱材を用いた、外張断熱工法による場合の各部位の気密工事は、この項による。

1-1.6.2 材料・工法一般

1. 気密工事に使用する気密材の種類及び品質は、次のとおりとする。ただし、1地域、2地域及び3地域において建設する場合の気密材はイ、ハ、ホ、トの材、又はこれと同等以上の気密性、強度、耐久性を有する材料とする。
    - イ．住宅用プラスチック系防湿フィルム（JIS A 6930（住宅用プラスチック系防湿フィルム））又はこれと同等以上の気密性を有するもの
    - ロ．透湿防水シート（JIS A 6111（透湿防水シート））又はこれと同等以上の気密性を有するもの
    - ハ．合板、せっこうボード、構造用パネル（JAS）又はこれと同等以上の気密性を有するもの
    - ニ．発泡プラスチック保温材（JIS A 9511）、建築物断熱用吹付け硬質ウレタンフォーム（JIS A 9526）又はこれと同等以上の気密性を有するもの
    - ホ．乾燥木材等
    - ヘ．金属部材
    - ト．コンクリート部材
2. 気密工事に使用する防湿フィルムは、JIS A 6930（住宅用プラスチック系防湿フィルム）に適合するもの、又はこれと同等以上の防湿性、強度及び耐久性を有するものとする。また、寸法は所定の重ね寸法が確保できるものとし、できるだけ幅広の長尺フィルムを用いる。
3. 気密工事に使用する透湿防水シートは、JIS A 6111（透湿防水シート）に適合するもの、又はこれと同等以上の気密性、強度及び耐久性を有するものとする。また、寸法は所定の重ね寸法が確保できるものとし、できるだけ幅広の長尺フィルムを用いる。ただし、1地域、2地域及び3地域においては使用しない。
4. 防湿フィルムは連続させ、すき間のできないように施工する。また、継目は下地材のある部分で30mm以上重ね合わせ、その部分を合板、せっこうボード、乾燥した木材、発泡プラスチック系断熱材等で挟みつける。
5. 気密層の連続性を確保するため、板状の気密材の相互の継目又はその他の材料との継目は、本章1-1.5.2（材料・工法一般）の4に掲げる気密補助材を施工する。

1-1.6.3 壁、屋根及びその取合い部の施工

1. 1地域、2地域及び3地域において建設する場合の壁、屋根及びその取合い部の施工は、次のいずれかとする。
    - イ．□発泡プラスチック系断熱材の屋内側に、防湿フィルムを張る。
    - ロ．□発泡プラスチック系断熱材の屋内側に、構造用合板など通気性の低い乾燥した面材を張る。
    - ハ．□発泡プラスチック系断熱材の屋外側に、透湿防水シートを張る。
2. 4地域、5地域、6地域、7地域及び8地域において建設する場合の壁、屋根及びそ

の取合い部の施工は、次のいずれかとする。

- イ. □発泡プラスチック系断熱材の屋内側に、防湿フィルムを張る。
- ロ. □発泡プラスチック系断熱材の屋内側に、構造用合板など通気性の低い乾燥した面材を張る。
- ハ. □発泡プラスチック系断熱材の屋外側に、透湿防水シートを張る。
- ニ. □外張断熱に用いた発泡プラスチック系断熱材の継目を、気密補助材を用いてすき間が生じないように施工する。
- ホ. □2層以上の発泡プラスチック系断熱材の継目が重ならないように張る。

3. 屋根と壁の取合い部及び壁の隅角部においては、気密補助材を利用して、すき間が生じないようにする。

4. 外壁を発泡プラスチック系断熱材を用いた外張断熱工法とし、床又は天井を充填断熱工法とする場合には、床、天井の施工は本章1-1.5.3（壁、床、天井（又は屋根）の施工）により、床と外壁、天井と外壁との取合い部の施工は本章1-1.5.4（壁、床、天井（又は屋根）の取合い部等の施工）による。

5. 屋根を発泡プラスチック系断熱材を用いた外張断熱工法とし、外壁を充填断熱工法とする場合には、外壁の施工は本章1-1.5.3（壁、床、天井（又は屋根）の施工）により、屋根と外壁との取合い部の施工は本章1-1.5.4（壁、床、天井（又は屋根）の取合い部等の施工）による。

1-1.6.4 基礎断熱部の取合い等

基礎断熱部の取合い、細部の気密処理、注意事項については、それぞれ本章1-1.5.6（基礎断熱部の取合い）、本章1-1.5.7（細部の気密処理（1地域、2地域及び3地域において建設する場合））及び本章1-1.5.8（注意事項）による。

1-1.7 開口部の断熱性能

1-1.7.1 開口部比率

開口部比率（屋根又は天井、外壁、開口部、床等の外皮等面積の合計に占める開口部面積の合計の割合）を計算する場合の開口部の断熱性能は、一戸建の住宅にあっては表1-1.7.1-1、共同住宅等にあっては表1-1.7.1-2の開口部比率の区分に応じて、本章1-1.7.2（開口部建具の種類）により決定する。

表1-1.7.1-1　一戸建の住宅における開口部比率の区分

地域の区分	開口部比率の区分			
	（い）	（ろ）	（は）	（に）
1・2・3地域	0.07未満	0.07以上0.09未満	0.09以上0.11未満	0.11以上
4・5・6・7・8地域	0.08未満	0.08以上0.11未満	0.11以上0.13未満	0.13以上

表1-1.7.1-2　共同住宅等における開口部比率の区分

地域の区分	開口部比率の区分			
	（い）	（ろ）	（は）	（に）
1・2・3地域	0.05未満	0.05以上0.07未満	0.07以上0.09未満	0.09以上
4・5・6・7・8地域	0.05未満	0.05以上0.07未満	0.07以上0.08未満	0.08以上

1-1.7.2 開口部建具の種類

1. 開口部の断熱の仕様は、地域の区分に応じ、次のいずれかとする。
   - イ. 開口部比率を計算する場合は、下表の開口部比率の区分に応じた熱貫流率を満たすものとする。

地域の区分	開口部比率の区分			熱貫流率
		一戸建の住宅	共同住宅等	
1・2・3地域	(い)	0.07未満	0.05未満	2.91以下
	(ろ)	0.07以上0.09未満	0.05以上0.07未満	2.33以下
	(は)	0.09以上0.11未満	0.07以上0.09未満	1.90以下
	(に)	0.11以上	0.09以上	1.60以下
4地域	(い)	0.08未満	0.05未満	4.07以下
	(ろ)	0.08以上0.11未満	0.05以上0.07未満	3.49以下
	(は)	0.11以上0.13未満	0.07以上0.08未満	2.91以下
	(に)	0.13以上	0.08以上	2.33以下
5・6・7地域	(い)	0.08未満	0.05未満	6.51以下
	(ろ)	0.08以上0.11未満	0.05以上0.07未満	4.65以下
	(は)	0.11以上0.13未満	0.07以上0.08未満	4.07以下
	(に)	0.13以上	0.08以上	3.49以下
8地域	—			

ロ．開口部比率を計算しない場合は、イの表のうち、開口部比率(に)の区分に掲げる
熱貫流率を満たすものとする。

2. 窓の合計面積が住宅の床面積の2%以下となるものについては、前記1によらず施
工することができる。

1-1.7.3 開口部の気密性
開口部に用いる建具（本章1-1.7.2（開口部建具の種類）の1に該当する建具は除く。）は、
地域の区分に応じ、次の気密性能の等級に該当するものとする。
  イ．1地域、2地域及び3地域における開口部は、JIS A 4706（サッシ）に定める気密
  性等級「A-4」を満たすもの
  ロ．4地域、5地域、6地域、7地域及び8地域における開口部は、JIS A 4706（サッ
  シ）に定める気密性等級「A-3」又は「A-4」を満たすもの

1-1.7.4 注意事項
1. 建具の重量によって、窓台、まぐさ等の建具取付け部に、有害な変形が生じないよ
うな配慮をする。
2. 建具の取付け部においては、漏水及び構造材の腐朽を防止するために、すき間が生
じないようにする。

1-1.8 開口部の日射遮蔽措置

1-1.8.1 一戸建の住宅における開口部の日射遮蔽措置
1. 5地域、6地域及び7地域における住宅の開口部（全方位）は、日射遮蔽措置を講じた
次のいずれかとする。
  イ．ガラスの日射熱取得率が0.49以下であるもの
  ロ．ガラスの日射熱取得率が0.74以下のものに、ひさし、軒等を設けるもの
  ハ．付属部材（南±22.5度に設置するものについては、外付けブラインドに限る）を
  設けるもの
  ニ．開口部比率を計算する場合は、表1-1.7.1-1の区分に応じて、次のいずれかとする。

（ろ） 開口部比率 0.08以上 0.11未満 開口部比率要計算	イ.	☐	ガラスの日射熱取得率が0.74以下であるもの
	ロ.	☐	付属部材又はひさし、軒等を設けるもの
（は）及び（に） 開口部比率 0.11以上 開口部比率要計算	イ.	☐	ガラスの日射熱取得率が0.49以下であるもの
	ロ.	☐	ガラスの日射熱取得率が0.74以下のものに、ひさし、軒等を設けるもの
	ハ.	☐	付属部材（南±22.5度に設置するものについては、外付けブラインドに限る）を設けるもの

2. 8地域における住宅の開口部（全方位）は、日射遮蔽措置を講じた次のいずれかとする。
    イ. 付属部材又はひさし、軒等を設けるもの
    ロ. 開口部比率を計算する場合は、表1-1.7.1-1の区分に応じて、次のいずれかとする。

| （ろ）
開口部比率
0.08以上
0.11未満

開口部比率要計算 | ☐ | 北±22.5度の方位を除く開口部に付属部材又はひさし、軒等を設けるもの |
| （は）及び（に）
開口部比率
0.11以上

開口部比率要計算 | ☐ | 付属部材又はひさし、軒等を設けるもの |

1-1.8.2 共同住宅等における開口部の日射遮蔽措置

1. 8地域における住宅の開口部（全方位）は、日射遮蔽措置を講じた次のいずれかとする。
    イ. 北±22.5度の方位を除く開口部に付属部材又はひさし、軒等を設けるもの
    ロ. 開口部比率を計算する場合は、表1-1.7.1-2の区分に応じて、次による。

| （に）
開口部比率
0.08以上

開口部比率要計算 | ☐ | 北±22.5度の方位を除く開口部に付属部材又はひさし、軒等を設けるもの |

1-1.8.3 小窓等における日射遮蔽措置

窓（直達光が入射する天窓は除く。）の合計面積が、住宅の床面積の4％以下となるものについては、本章1-1.8.1及び1-1.8.2によらず施工することができる。

1. 省エネルギー性に関する基準（断熱等性能等級4かつ一次エネルギー消費量等級4）に係る仕様

　フラット35Sの省エネルギー性に適合する住宅は、「1-1. 省エネルギー性に関する基準①（断熱等性能等級4）に係る仕様」かつ「1-2. 省エネルギー性に関する基準②（一次エネルギー消費量等級4）に係る仕様」であることとする。なお、これによらない場合は、「建築物エネルギー消費性能基準」（建築物のエネルギー消費性能の向上に関する法律（平成27年法律第53号）（通称 建築物省エネ法））第2条第1項第3号に適合する住宅であることとする。

1-2. 省エネルギー性に関する基準②（一次エネルギー消費量等級4）に係る仕様

1-2.1 一般事項

1-2.1.1 総則

1. フラット35Sにおける省エネルギー性に関する基準のうち、一次エネルギー消費量等級4に適合する住宅の仕様は、この項による。
2. 本項におけるアンダーライン「＿＿＿」の付された項目事項は、フラット35Sにおける省エネルギー性に関する基準のうち、一次エネルギー消費量等級4に係る仕様である。

1-2.1.2 適用

本項の適用となる住宅は、次の1又は2のいずれかとする。

1. ☐「住宅に関する省エネルギー基準に準拠したプログラム（https://house.app.lowenergy.jp/）」等を用いて、巻末付録1（地域の区分一覧表）の地域の区分及び床面積等に応じて算定した対象住宅の一次エネルギー消費量が基準一次エネルギー消費量を上回らないことを確認したもの
2. ☐建築物のエネルギー消費性能の向上に関する法律（平成27年法律第53号）（通称 建築物省エネ法）の規定により基準適合建築物に認定された住宅で、竣工年月日が平成28年4月1日以後の一戸建て住宅

1-2.2 地域の区分

基準一次エネルギー消費量及び住宅の一次エネルギー消費量の算出における地域の区分は、巻末付録1（地域の区分一覧表）による。

1-2.3 躯体の断熱性能

躯体及び開口部の断熱性能は、原則として、本章1-1（省エネルギー性に関する基準①（断熱等性能等級4）に係る仕様）による。この仕様以外とする場合は、特記による。

1-2.4 設備機器

設備機器は、本章1-2.2（地域の区分）による地域の区分及び床面積等に応じた一次エネルギー消費量を確認し、仕様を決めるものとし、特記による。

2. 耐震住宅に関する基準（耐震等級（構造躯体の倒壊等防止）2）に係る仕様

2.1 一般事項

2.1.1 総則

1. フラット35Sにおける耐震住宅に関する基準（耐震等級（構造躯体の倒壊等防止）2）に適合する住宅の仕様は、この項による。
2. 本項におけるアンダーライン「_____」の付された項目事項は、フラット35Sにおける耐震住宅に関する基準（耐震等級（構造躯体の倒壊等防止）2）に係る仕様であるため、当該部分の仕様以外とする場合は、住宅金融支援機構の認めたものとする。

2.1.2 基本原則

限界耐力計算、保有水平耐力計算等、又は階数が2以下の木造の建築物における基準等により、住宅性能表示制度「耐震等級（構造躯体の倒壊等防止）2」以上の耐震性能を確保することとする。

2.1.3 構造計算等

1. 3階建の住宅は、建築基準法および住宅性能表示制度「耐震等級（構造躯体の倒壊等防止）」1-1 (3) イ又はロに基づく構造計算により、構造耐力上の安全性を確認したうえで、仕様を決めるものとする。
2. 階数が2以下の住宅は、建築基準法および住宅性能表示制度「耐震等級（構造躯体の倒壊等防止）」1-1 (3) イ又はロに基づく構造計算、若しくはホに基づく階数が2以下の木造建築物における壁量計算等により、構造耐力上の安全性を確認したうえで、仕様を決めるものとする。

2.2 基礎

2.2.1 基礎

基礎の構造等は、Ⅱ-3.3（基礎工事）による。

2.3 耐力壁及び準耐力壁等

2.3.1 耐力壁

木造筋かい、木ずり、大壁造の面材耐力壁、真壁造の面材耐力壁の各仕様については、それぞれ、Ⅱ-5.1.9（木造筋かい）、Ⅱ-5.1.11（木ずり）、Ⅱ-5.3（大壁造の面材耐力壁）、Ⅱ-5.4（真壁造の面材耐力壁）による。

2.3.2 準耐力壁等

1. 木ずり準耐力壁等の仕様は、Ⅱ-5.1.11（木ずり）による。
2. 構造用合板、各種ボード類による面材準耐力壁等の種類等は、次表による。また、その構成方法は大壁方式とする。

面材準耐力壁の種類	材　料	くぎ打ちの方法		倍　率
		くぎの種類	くぎの間隔	
構造用合板	合板のJASに適合するもので、種類は特類とし、厚さは7.5mm以上とする。	N50	15cm以下	2.5×0.6×h/H
構造用パネル	構造用パネルのJASに適合するもの。			
構造用MDF	JIS A 5905（繊維板）に適合するもの。			
パーティクルボード	JIS A 5908（パーティクルボード）に適合するもので、種類は曲げ強さの区分が8タイプ以外のものとし、厚さは12mm以上とする。			
構造用パーティクルボード	JIS A 5908（パーティクルボード）に適合するもの。			
せっこうボード	JIS A 6901（せっこうボード製品）に適合するもので、厚さは12mm以上とする。	GNF40またはGNC40	15cm以下	0.9×0.6×h/H

※倍率において、h：木ずり若しくは面材が貼られている高さの合計
　　　　　　　H：横架材間の内のり寸法

2.3.3 耐力壁線

各階の張り間方向及びけた行方向の耐力壁線の相互の間隔は、8m以下（各方向で筋かいを含まない壁、その他同等のじん性がある壁のみを用いている場合にあっては、12m以下とすることができる。）とする。

2.4 床組等

2.4.1 床組

1. 床組は、Ⅱ-5.8（床組）による。
2. 床面材は、下記のいずれかによる。
   - イ. □ひき板床面材とする場合は、次による。
     - （イ）ひき板の厚さは12mm以上、幅180mm以上とする。
     - （ロ）継手は、板10枚ごとに乱継ぎとし、継手は根太心で突付けとする。
     - （ハ）取付け及び存在床倍率は、次表による。
     - （ニ）板そばは、見えがくれの場合は添え付け、見えがかりの場合はすべり刃又は相じゃくりとする。
   - ロ. □合板床面材とする場合は、次による。
     - （イ）合板の品質は、合板のJASに適合する構造用合板（特類又は1類）で、厚さ12mm以上のもの、又はこれと同等以上の性能を有するものとする。
     - （ロ）合板のホルムアルデヒドの発散量に関する品質については、特記による。
     - （ハ）取付け及び存在床倍率は、次表による。
   - ハ. □構造用パネル床面材とする場合は、次による。
     - （イ）構造用パネルの品質は、構造用パネルのJASに適合する構造用パネル（1級、2級又は3級のものに限る。）で、厚さ12mm以上のもの、又はこれと同等以上の性能を有するものとする。
     - （ロ）構造用パネルのホルムアルデヒドの発散量に関する品質については、特記による。
     - （ハ）取付けおよび存在床倍率は、次表により、継目部分はすき間をあける。

面材の種類	根太		くぎ打ちの方法		存在床倍率
	工法	間隔	くぎの種類	くぎの間隔	
イ 厚さ12mm以上、幅180mm以上のひき板	転ばし	340mm以下	N50	150mm	0.30
		500mm以下			0.20
	半欠き	340mm以下	N50	150mm	0.36
		500mm以下			0.24
	落し込み	340mm以下	N50	150mm	0.39
		500mm以下			0.26
ロ 厚さ12mm以上の構造用合板 及び ハ 厚さ12mm以上の構造用パネル	転ばし	340mm以下	N50	150mm	1.00
		500mm以下			0.70
	半欠き	340mm以下	N50	150mm	1.60
		500mm以下			1.12
	落し込み	340mm以下	N50	150mm	2.00
		500mm以下			1.40

※ただし、床組等に用いる材料の強度を考慮して計算により存在床倍率を求める場合にあっては、この限りではない。

ニ. □根太を用いず、直接、構造用合板を床ばり又は胴差しに留め付ける場合は、次による。

（イ）合板の品質は、合板のJASに適合する構造用合板（特類又は1類）で、厚さ24mm以上のもの、又はこれと同等以上の性能を有するものとする。

（ロ）合板のホルムアルデヒドの発散量に関する品質については、特記による。

（ハ）取付け及び存在床倍率は、下表による。

面材の種類	くぎ打ちの方法			存在床倍率
	くぎの種類	くぎの間隔	くぎ打ち箇所	
ニ 厚さ24mmの構造用合板	N75	150mm以下	川の字打ち	1.20
			4周打ち	3.00

※表中、くぎ打ち箇所を川の字打ちとする場合は、はり等の横架材の間隔が1m以下の場合に限る。
※床組等に用いる材料の強度を考慮して、計算により存在床倍率を求める場合にあっては、この限りではない。

3. 火打ちばりは、Ⅱ-5.8.7（火打ちばりによる床組の補強方法）により、その存在床倍率は下表による。

火打ち種類	平均負担面積	主たる横架材のせい*	存在床倍率
木製火打ち90mm×90mm以上 及び 鋼製火打ち	2.5m²以下	240mm以上	0.80
		150mm以上	0.60
		105mm以上	0.50
	3.3m²以下	240mm以上	0.48
		150mm以上	0.36
		105mm以上	0.30
	5.0m²以下	240mm以上	0.24
		150mm以上	0.18
		105mm以上	0.15

＊火打ち材に取り付くものをいう。

2.4.2 屋根面

1. たる木は、Ⅱ-5.5.6（たる木）による。
2. 屋根野地板は、下記のいずれかによる。

イ. □ひき板野地板とする場合は、次による。

（イ）ひき板の厚さは9mm以上、幅180mm以上とする。

（ロ）継手は、板の登り10枚ごとに乱継ぎとし、継手はたる木心で突付けとする。

(ハ) 取付け及び存在床倍率は、下表による。
(ニ) 板そばは、見えがくれの場合は添え付け、見えがかりの場合はすべり刃又
　　　は相じゃくりとする。
ロ. □合板野地板とする場合は、次による。
(イ) 合板の品質は、合板のJASに適合する構造用合板（特類又は1類）で、厚さ
　　　9mm以上のもの、又はこれと同等以上の性能を有するものとする。
(ロ) 合板のホルムアルデヒドの発散量に関する品質については、特記による。
(ハ) 取付け及び存在床倍率は、下表による。
ハ. □構造用パネル野地板とする場合は、次による。
(イ) 構造用パネルの品質は、構造用パネルのJASに適合する構造用パネルで（1
　　　級、2級又は3級のものに限る。）厚さ9mm以上のもの、又はこれと同等
　　　以上の性能を有するものとする。
(ロ) 構造用パネルのホルムアルデヒドの発散量に関する品質については、特記
　　　による。
(ハ) 取付け及び存在床倍率は、下表による。
(ニ) 軒並びに妻側の部分に使用する広小舞、登りよど、破風板等には、木材を
　　　使用する。

| 面材の種類 | たる木 | | くぎ打ちの方法 | | 屋根勾配 | 存在床倍率 |
	工法	間隔	くぎの種類	くぎの間隔		
イ　厚さ9mm以上、幅180mm以上のひき板	転ばし	500mm以下	N50	150mm	矩勾配以下	0.10
					5寸勾配以下	0.20
					3寸勾配以下	0.20
ロ　厚さ9mm以上の構造用合板及びハ　厚さ9mm以上の構造用パネル	転ばし	500mm以下	N50	150mm	矩勾配以下	0.50
					5寸勾配以下	0.70
					3寸勾配以下	0.70

※ただし、屋根組等に用いる材料の強度を考慮して、計算により存在床倍率を求める場合にあっ
　ては、この限りではない。

2.4.3 小屋組（小屋床面）
　　小屋組（小屋床面）を、存在床倍率を有する構造とする場合は、本章2.4.1（床組）による。

2.5 接合部

2.5.1 金物の品質
　　接合部の金物の品質は、Ⅱ-4.1.6（諸金物）による。

2.5.2 筋かい端部の仕口
　　筋かい端部における仕口は、Ⅱ-5.2.1（筋かい端部の仕口）による。

2.5.3 柱脚・柱頭の仕口
　　軸組の柱の柱脚及び柱頭の仕口は、Ⅱ-5.2.2（耐力壁となる軸組の柱と横架材の仕口）に
よる。

2.5.4 胴差しと通し柱の仕口
　　胴差しの仕口の接合方法は、次に掲げるイからハの区分に応じ、それぞれ次に定めるも

5.11 更新対策（住戸専用部）

　共同住宅等の場合は、次による。

1.　躯体天井高は、2,500mm以上とする。

2.　住戸内の構造躯体の壁又は柱は、間取りの変更の障害とならないように設ける。

〔第Ⅳ章〕 フラット35S(金利Aプラン)工事仕様書

第Ⅳ章

フラット35S（金利Aプラン）の技術基準(※1)

フラット35S（金利Aプラン）をご利用いただく場合は、フラット35の技術基準に加えて、次表の1〜4のいずれか1つ以上の基準を満たす住宅であることが必要です。

1 省エネルギー性	一次エネルギー消費量等級5の住宅(※2)(※3)
2 耐　震　性	耐震等級(構造躯体の倒壊等防止)3の住宅
3 バリアフリー性	高齢者等配慮対策等級4以上の住宅
4 耐久性・可変性	長期優良住宅(※4)

※1 各技術基準（長期優良住宅を除く。）は、「住宅の品質確保の促進等に関する法律」に基づく住宅性能表示制度の性能等級と同じです。なお、住宅性能評価書を取得しなくても、所定の物件検査に合格すれば、フラット35S（金利Aプラン）をご利用いただけます。
※2 都市の低炭素化の促進に関する法律（平成24年法律第84号）の規定により低炭素建築物新築等計画が認定された住宅又は、同法の規定により集約都市開発事業計画が認定された住宅も該当します。
※3 建築物のエネルギー消費性能の向上に関する法律（平成27年法律第53号）（通称 建築物省エネ法）の規定により建築物エネルギー消費性能向上計画が認定された住宅も該当します。
※4 長期優良住宅の普及の促進に関する法律（平成20年法律第87号）の規定により長期優良住宅建築等計画が認定された住宅です。

フラット35S工事仕様書の使い方

(1) 〔第Ⅱ章〕工事仕様書のフラット35の基準事項に加え、「1. 省エネルギー性に関する基準（認定低炭素住宅）に係る仕様」、「2. 省エネルギー性に関する基準（一次エネルギー消費量等級5）に係る仕様」、「3. 省エネルギー性に関する基準（性能向上計画認定住宅（建築物省エネ法））に係る仕様」、「4. 耐震性に関する基準（耐震等級（構造躯体の倒壊等防止）3）に係る仕様」、「5. バリアフリー性に関する基準（高齢者等配慮対策等級4）に係る仕様」または「6. 耐久性・可変性に関する基準（長期優良住宅）に係る仕様」によってください。

(2) 本文のアンダーライン「＿＿＿」の部分は、基準に係る項目ですので、訂正すると当制度が利用できない場合があります。
　　なお、アンダーライン「＿＿＿」以外の仕様については、ご自分の工事内容に合わせて当該仕様部分を適宜添削するなどしてご使用ください。

1. 省エネルギー性に関する基準(認定低炭素住宅)に係る仕様

1.1 一般事項

1.1.1 総則

1. フラット35Sにおける省エネルギー性に関する基準(認定低炭素住宅)に適合する住宅の仕様は、この項による。

2. 本項におけるアンダーライン「_____」の付された項目事項は、フラット35Sにおける省エネルギー性に関する基準「認定低炭素住宅」に係る仕様である。

1.1.2 基本原則

本項の適用となる住宅は、都市の低炭素化の促進に関する法律(平成24年法律第84号)の規定により認定の通知を受けた低炭素建築物新築等計画に基づき建築された住宅等であるものとする。

【低炭素建築物の認定基準に関する留意事項】

認定基準に関する最新情報等については、次のホームページを参照すること。

■ 建築物のエネルギー消費性能に関する技術情報(国立研究開発法人建築研究所)

https://www.kenken.go.jp/becc/index.html

■ 認定申請手続、申請の手引き、Q&A等について(一般社団法人住宅性能評価・表示協会)

https://www.hyoukakyoukai.or.jp/teitanso/index.php

2.省エネルギー性に関する基準(一次エネルギー消費量等級5)に係る仕様

2.1 一般事項

2.1.1 総則

1. フラット35Sにおける省エネルギー性に関する基準（一次エネルギー消費量等級5）に適合する住宅の仕様は、この項による。
2. 本項におけるアンダーライン「＿＿＿＿」の付された項目事項は、フラット35Sにおける省エネルギー性に関する基準(一次エネルギー消費量等級5)に係る仕様である。

2.1.2 適用

本項の適用となる住宅は、「住宅に関する省エネルギー基準に準拠したプログラム (https://house.app.lowenergy.jp/)」等を用いて、巻末付録1（地域の区分一覧表）の地域の区分及び床面積等に応じて算定した対象住宅の一次エネルギー消費量が基準一次エネルギー消費量を上回らないことを確認したものとする。

2.2 地域の区分

基準一次エネルギー消費量及び住宅の一次エネルギー消費量の算出における地域の区分は、巻末付録1(地域の区分一覧表)による。

2.3 躯体の断熱性能

躯体及び開口部の断熱性能は、原則として、III-1-1(省エネルギー性に関する基準①(断熱等性能等級4)に係る仕様)による。この仕様以外とする場合は、特記による。

2.4 設備機器

設備機器は、本章2.2（地域の区分）による地域の区分及び床面積等に応じた一次エネルギー消費量を確認し、仕様を決めるものとし、特記による。

3. 省エネルギー性に関する基準（性能向上計画認定住宅（建築物省エネ法））に係る仕様

3.1 一般事項

3.1.1 総則

1. フラット35Sにおける省エネルギー性に関する基準（性能向上計画認定住宅（建築物省エネ法））に適合する住宅の仕様は、この項による。

2. 本項におけるアンダーライン「_____」の付された項目事項は、フラット35Sにおける省エネルギー性に関する基準（性能向上計画認定住宅（建築物省エネ法））に係る仕様である。

3.1.2 適用

本項の適用となる住宅は、建築物のエネルギー消費性能の向上に関する法律（平成27年法律第53号）（通称 建築物省エネ法）の規定により建築物エネルギー消費性能向上計画の認定を受けた住宅で、竣工年月日が平成28年4月1日以後の住宅であるものとする。

> **【性能向上計画認定住宅（建築物省エネ法）に関する留意事項】**
> 認定基準に関する最新情報等については、次のホームページを参照すること。
> ■ 建築物省エネ法のページ（国土交通省）
> 　https://www.mlit.go.jp/jutakukentiku/jutakukentiku_house_tk4_000103.html
> ■ 建築物のエネルギー消費性能に関する技術情報（国立研究開発法人建築研究所）
> 　https://www.kenken.go.jp/becc/index.html

4.耐震性に関する基準(耐震等級(構造躯体の倒壊等防止)3)に係る仕様

4.1 一般事項

4.1.1 総則
1. フラット35Sにおける耐震性に関する基準(耐震等級(構造躯体の倒壊等防止)3)に適合する住宅の仕様は、この項による。
2. 本項におけるアンダーライン「_____」の付された項目事項は、フラット35Sにおける耐震性に関する基準(耐震等級(構造躯体の倒壊等防止)3)に係る仕様であるため、当該部分の仕様以外とする場合は、住宅金融支援機構の認めたものとする。

4.1.2 基本原則
限界耐力計算、保有水平耐力計算等、又は階数が2以下の木造の建築物における基準等により、住宅性能表示制度「耐震等級(構造躯体の倒壊等防止)3」以上の耐震性能を確保することとする。

4.1.3 構造計算等
1. 3階建の住宅は、建築基準法および住宅性能表示制度「耐震等級(構造躯体の倒壊等防止)」1-1 (3)イ又はロに基づく構造計算により、構造耐力上の安全性を確保したうえで、仕様を決めるものとする。
2. 階数が2以下の住宅は、建築基準法および住宅性能表示制度「耐震等級(構造躯体の倒壊等防止)」1-1 (3)イ又はロに基づく構造計算、若しくはホに基づく階数が2以下の木造建築物における壁量計算等により、構造耐力上の安全性を確保したうえで、仕様を決めるものとする。

4.2 基礎

4.2.1 基礎の構造等
基礎の構造等は、Ⅲ-2.2 (基礎) による。

4.3 耐力壁及び準耐力壁等

4.3.1 耐力壁
耐力壁は、Ⅲ-2.3.1 (耐力壁) による。

4.3.2 準耐力壁等
準耐力壁は、Ⅲ-2.3.2 (準耐力壁等) による。

4.3.3 耐力壁線
耐力壁線は、Ⅲ-2.3.3 (耐力壁線) による。

4.4 床組等

4.4.1 床組
床組は、Ⅲ-2.4.1 (床組) による。

4.4.2 屋根面
屋根面は、Ⅲ-2.4.2 (屋根面) による。

4.4.3 小屋組(小屋床面)
小屋組は、Ⅲ-2.4.3 (小屋組(小屋床面)) による。

4.5 接合部

接合部は、Ⅲ-2.5（接合部）による。

4.6 横架材及び基礎

横架材及び基礎は、Ⅲ-2.6（横架材及び基礎）による。

5. バリアフリー性に関する基準（高齢者等配慮対策等級4）に係る仕様

5.1 一般事項

5.1.1 総則

1. フラット35Sにおけるバリアフリー性に関する基準（高齢者等配慮対策等級4）に適合する住宅の仕様は、この項による。
2. 本項におけるアンダーライン「＿＿＿＿」の付された項目事項は、フラット35Sにおけるバリアフリー性に関する基準（高齢者等配慮対策等級4）に係る仕様であるため、当該部分の仕様以外とする場合は、住宅金融支援機構の認めたものとする。
3. 「日常生活空間」とは、高齢者等の利用を想定する一の主たる玄関、便所、浴室、脱衣室、洗面所、寝室（以下「特定寝室」という。）、食事室及び特定寝室の存する階（接地階を除く。）にあるバルコニー、特定寝室の存する階にあるすべての居室並びにこれらを結ぶ一の主たる経路をいう。

5.2 部屋の配置

5.2.1 部屋の配置

部屋の配置は、次の1又は2のいずれかによる。

1. 特定寝室がある階には、便所及び浴室を配置する。
2. 次のイ又はロに適合するホームエレベーターを設置し、かつ特定寝室がある階に便所を配置する。

   イ. 出入口の有効幅員を750mm以上とする。

   ロ. 通路等から直進して入ることができるよう設置し、出入口の有効幅員を650mm以上とする。

5.3 住戸内の段差の解消

5.3.1 段差の解消

1. 日常生活空間内の床を、段差のない構造（仕上がりで5mm以下の段差が生じるものを含む。以下本項において同じ。）とする。ただし、次のイ～ハに掲げる段差にあっては、この限りではない。

   イ. 玄関の出入口の段差で、くつずりと玄関外側の高低差を20mm以下とし、かつ、くつずりと玄関土間の高低差を5mm以下としたもの

   ロ. 勝手口その他屋外に面する開口（玄関を除く。以下、本項において「勝手口等」という。）の出入口及び上がり框の段差

   ハ. 浴室の出入口の段差で、20mm以下の単純段差

2. 日常生活空間内の玄関の上がり框については、1にかかわらず、次のイ～ニまでに掲げる段差を設けることができるものとする。踏み段を設ける場合、踏み段は1段とし、奥行は300mm以上、幅は600mm以上とする。

   イ. 当該玄関が接地階以外にある場合の玄関の上がり框の段差で、110mm（踏み段を設ける場合は360mm）以下としたもの。

   ロ. 当該玄関が接地階にある場合の玄関の上がり框の段差で、180mm（踏み段を設ける場合は360mm）以下としたもの。

   ハ. 当該玄関が接地階以外にあり、踏み段を設ける場合、土間と踏み段との段差及び踏み段と上がり框の段差で、110mm以下としたもの。

   ニ. 当該玄関が接地階にあり、踏み段を設ける場合、土間と踏み段との段差及び踏み段と上がり框の段差で、180mm以下としたもの。

3. 日常生活空間内の居室の部分の床のうち、次のイ～ホのすべてに適合するものとその他の部分の床との間には、1にかかわらず、300mm以上450mm以下の段差を設けることができるものとする。

   イ. 介助用車いすの移動の妨げとならない位置であること

ロ．面積が3m²以上9m²（当該居室の面積が18m²以下の場合、当該面積の1/2）未満であること

ハ．当該部分の面積の合計が、当該居室の面積の1/2未満であること

ニ．間口（工事を伴わない撤去等により確保できる部分の長さを含む。）が1,500mm以上であること

ホ．その他の部分の床より高い位置にあること

4. 接地階を有する住宅の日常生活空間内のバルコニーの出入口には、次のイ〜ホに掲げる段差を設けることができるものとする。踏み段を設ける場合、踏み段は1段とし、奥行は300mm以上、幅は600mm以上、かつ、当該踏み段とバルコニーの端との距離を、1,200mm以上とする（以下、本項において踏み段については同じ。）。

イ．180mm以下の単純段差

ロ．250mm以下の単純段差（手すりを設置した場合に限る。）

ハ．踏み段を設ける場合、360mm以下の単純段差とし、バルコニーと踏み段との段差及び踏み段と框との段差を、180mm以下の単純段差としたもの

ニ．屋内側及び屋外側の高さが、180mm以下のまたぎ段差（手すりを設置した場合に限る。）

ホ．踏み段を設ける場合、屋内側の高さが180mm以下で、屋外側の高さが360mm以下のまたぎ段差とし、バルコニーと踏み段との段差及び踏み段と框との段差を、180mm以下の単純段差としたもの（手すりを設置した場合に限る。）

5. 接地階を有しない住宅の日常生活空間内のバルコニーの出入口には、次のイ又はロに掲げる段差を設けることができるものとする。

イ．180mm以下の単純段差

ロ．踏み段を設ける場合、360mm以下の単純段差とし、バルコニーと踏み段との段差及び踏み段と框との段差を、180mm以下の単純段差としたもの

6. 日常生活空間外の床を、段差のない構造とする。ただし、次のイ〜へに掲げる段差にあっては、この限りではない。

イ．玄関の出入口の段差

ロ．玄関の上がり框の段差

ハ．勝手口等の出入口及び上がり框の段差

ニ．バルコニーの出入口の段差

ホ．浴室の出入口の段差

へ．室内又は室の部分の床とその他の部分の床の90mm以上の段差

5.3.2 床組

床組は、Ⅲ-4.3.2（床組）による。

5.3.3 床板張り

床板張りは、Ⅲ-4.3.3（床板張り）による。

5.4 住戸内階段

5.4.1 住戸内階段の勾配

1. 日常生活空間内の住戸内階段の勾配及び踏み面と蹴上げの寸法は、次のイ及びロによる。ただし、ホームエレベーターが設置されている場合は、2による。

イ．階段の勾配（R/T）を、6/7以下とする。

ロ．踏み面（T）と蹴上げ（R）の関係を、550mm ≦ T+2R ≦ 650mmとする。

2. 日常生活空間外の住戸内階段及び日常生活空間内の住戸内階段（ホームエレベーターが設置されている場合に限る。）の勾配及び踏み面と蹴上げの寸法は、次のイ〜ハによる。ただし、階段の曲がり部分について、その形状が、Ⅲ-4.4.1（住戸内階段の勾配）のハ（イ）、（ロ）又は（ハ）に該当する場合は、この限りではない。

イ．階段の勾配（R/T）を、22/21以下とする。

ロ．踏み面(T)を195mm以上とする。

ハ．踏み面(T)と蹴上げ(R)の関係を、550mm≦T+2R≦650mmとする。

5.4.2 住戸内階段の構造

1. 住戸内階段の形状は、直階段又は折れ階段とし、中間には踊り場を設ける。

2. 日常生活空間内の住戸内階段は、回り階段等、安全上問題があると考えられる形式とせず、かつ最上段の通路等へのくい込み部分及び最下段の通路等への突出部分を設けない。ただし、ホームエレベーターが設置されている場合にあっては、この限りではない。

3. 住戸内階段の蹴込みは、次のイ及びロによる。ただし、ホームエレベーターが設置されている場合にあっては、この限りではない。

   イ．日常生活空間内の住戸内階段の蹴込みは30mm以下とし、蹴込み板を設ける。

   ロ．日常生活空間外の住戸内階段の蹴込みは、30mm以下とする。

5.5 手すり

5.5.1 手すりの設置箇所

1. 住戸内階段については、次のイ～ハによる。

   イ．住戸内階段には、手すりを設置する。

   ロ．勾配が45°を超える場合にあっては、両側に手すりを設置する（ホームエレベーターが設けられており、又は当該階段が日常生活空間外にあり、かつ、Ⅲ-4.4.1（住戸内階段の勾配）のイ～ハ及びⅢ-4.4.2（住戸内階段の構造）の2に掲げる基準に適合している場合を除く。）。

   ハ．設置高さは、踏み面の先端からの高さを700mmから900mmの位置とする。

2. 日常生活空間内の浴室には、浴槽出入りのための手すりを設置する。

3. 日常生活空間内の便所には、立ち座りのための手すりを設置する。

4. 日常生活空間内の玄関には、上がり框部の昇降及び靴の着脱のための手すりを設置する。

5. 日常生活空間内の脱衣室には、衣服の着脱のための手すりを設置する。

6. バルコニーには、転落防止のための手すりを、次のイ～ハのいずれかにより設置する。ただし、外部の地面、床等からの高さが1m以下の範囲又は開閉できない窓、その他転落のおそれのないものについては、この限りではない。

   イ．□腰壁その他足がかりとなるおそれのある部分（以下、本項において「腰壁等」という。）の高さが、650mm以上1,100mm未満の場合、床面から1,100mm以上の高さに達するように設置する。

   ロ．□腰壁等の高さが300mm以上650mm未満の場合、腰壁等から800mm以上の高さに達するように設置する。

   ハ．□腰壁等の高さが300mm未満の場合、床面から1,100mm以上の高さに達するように設置する。

7. 2階以上の窓には、転落防止のための手すりを、次のイ～ハのいずれかにより設置する。ただし、外部の地面、床等からの高さが1m以下の範囲又は開閉できない窓、その他転落のおそれのないものについては、この限りではない。

   イ．□窓台その他足がかりとなるおそれのある部分（以下、本項において「窓台等」という。）の高さが、650mm以上800mm未満の場合、床面から800mm（3階以上の窓は1,100mm）以上の高さに達するように設置する。

   ロ．□窓台等の高さが300mm以上650mm未満の場合、窓台等から800mm以上の高さに達するように設置する。

   ハ．□窓台等の高さが300mm未満の場合、床面から1,100mm以上の高さに達するように設置する。

8. 廊下及び階段（高さ1m以下の階段を除く。）のうち、片側又は両側が壁となっていない部分には、開放されている側に転落防止のための手すりを、次のイ又はロのいず

れかにより設置する。ただし、外部の地面、床等からの高さが1m以下の範囲又は開閉できない窓、その他転落のおそれのないものについては、この限りではない。

- イ. □腰壁等の高さが650mm以上800mm未満の場合、床面（階段にあっては踏み面の先端）から800mm以上の高さに達するように設置する。
- ロ. □腰壁等の高さが650mm未満の場合、腰壁等から800mm以上の高さに達するように設置する。

9. 転落防止のための手すりの手すり子で、床面（階段にあっては踏み面の先端）及び腰壁等又は窓台等（腰壁等又は窓台等の高さが、650mm未満の場合に限る。）からの高さが、800mm以内の部分に存するものの相互の間隔は、内のり寸法で110mm以下とする。

5.5.2 手すりの取付け等
手すりの取付け等は、Ⅲ-4.5.2（手すりの取付け等）による。

5.5.3 手すりの取付け下地
手すりの取付け下地は、Ⅲ-4.5.3（手すり取付け下地）による。

5.6 廊下及び出入口の幅員
5.6.1 廊下及び出入口の幅員の確保
1. 日常生活空間内の通路の有効な幅員は、780mm（柱等の箇所にあっては750mm）以上とする。
2. ホームエレベーター（出入口の有効幅員が750mm以上（通路等から直進して入ることができる場合は、650mm以上）のものに限る。）を設置する場合にあっては、当該ホームエレベーターと日常生活空間とを結ぶ経路内の通路の有効な幅員は、780mm（柱等の箇所にあっては750mm）以上とする。
3. 出入口の幅員については、次による。
   - イ. 浴室を除く日常生活空間内の出入口の有効幅員（玄関以外の出入口については、工事を伴わない撤去等により確保できる部分の長さを含む。）は、750mm以上とする。
   - ロ. 日常生活空間内の浴室の出入口の有効幅員は、650mm以上とする。

5.6.2 内壁下地
内壁下地は、Ⅲ-4.6.2（内壁下地）による。

5.7 寝室、便所及び浴室
5.7.1 寝室、便所及び浴室の規模
1. 特定寝室の面積は、内のり寸法で12m²以上とする。
2. 日常生活空間内の便所は腰掛け式とし、その規模は、次のイ又はロのいずれかによる。
   - イ. □短辺（軽微な改造により確保できる部分の長さを含む。）を、内のり寸法で1,100mm以上とし、長辺（軽微な改造により確保できる部分の長さを含む。）を内のり寸法で1,300mm以上とする。
   - ロ. □便器の前方及び側方について、便器と壁との距離（ドアの開放により確保できる部分又は軽微な改造により確保できる部分の長さを含む。）を500mm以上とする。
3. 日常生活空間内の浴室は、短辺を内のり寸法で1,400mm以上とし、面積を内のり寸法で2.5m²以上とする。

5.8 その他の配慮
5.8.1 温熱環境
温熱環境については、Ⅲ-4.8.1（温熱環境）による。

5.8.2 設備

設備については、Ⅲ-4.8.2（設備）による。

5.8.3 床・壁等の仕上げ

床・壁等の仕上げについては、Ⅲ-4.8.3（床・壁等の仕上げ）による。

5.8.4 屋外通路の高低差処理

屋外通路の高低差処理については、Ⅲ-4.8.4（屋外通路の高低差処理）による。

6.耐久性・可変性に関する基準(長期優良住宅)の仕様

6.1 一般事項

6.1.1 総則

1. フラット35Sにおける耐久性・可変性に関する基準（長期優良住宅）に適合する住宅の仕様は、この項による。
2. 本項において、アンダーライン「____」が付された項目事項は、フラット35Sにおける耐久性・可変性に関する基準に係る仕様であるため、当該部分の仕様以外とする場合は、長期優良住宅の認定を取得できる仕様とする。

6.1.2 適用

1. 本項の適用となる住宅は、長期優良住宅の普及の促進に関する法律（平成20年法律第87号）第7条の規定により認定の通知を受けた長期優良住宅建築等計画に基づき建築された住宅であるものとする。
2. 構造躯体等の劣化対策は、本章6.2（構造躯体等の劣化対策）による。
3. 耐震性は、本章6.3.2.1（基本原則）及び本章6.3.2.2（構造計算等）、又は本章6.3.3（免震）による。
4. 可変性は、本章6.4（可変性）による。
5. 維持管理・更新の容易性は、本章6.5（維持管理・更新の容易性）による。
6. 省エネルギー対策は、本章6.6（省エネルギー対策）による。
7. 維持保全計画等については、本章6.7（その他）による。

6.2 構造躯体等の劣化対策

6.2.1 基礎工事

1. 基礎工事において布基礎とする場合は、II-3.3.2（布基礎）の2による。
2. 基礎工事において、べた基礎又は基礎ぐいを用いる場合は、II-3.3.3（べた基礎・基礎ぐい）の2による。

6.2.2 床下地面の防蟻措置

床下地面の防蟻措置は、II-4.4（床下地面の防蟻措置）による。ただし、基礎断熱工法を用いる場合は、II-3.4.5（床下防湿・防蟻措置）による。

6.2.3 床下換気

床下換気は、II-3.3.11（床下換気）の1による。

6.2.4 床下防湿

床下防湿は、II-3.3.15（床下防湿）による。

6.2.5 点検口の設置

1. 区分された床下空間（人通口等により接続されている場合は、接続されている床下空間を一の部分とみなす。）ごとに点検口を設ける。
2. 区分された小屋裏空間（人通口等により接続されている場合は、接続されている小屋裏空間を一の小屋裏空間とみなす。）ごとに点検口を設ける。

6.2.6 床下空間高さ

床下空間の有効高さを330mm以上とする。ただし、浴室の床下等当該床下空間の有効高さを、330mm未満とすることがやむを得ないと認められる部分で、当該部分の点検を行うことができ、かつ当該部分以外の床下空間の点検に支障をきたさない場合にあっては、この限りでない。